ADMINISTRAÇÃO
ESTRATÉGICA

*planejamento, ferramentas
e implantação*

SÉRIE ADMINISTRAÇÃO ESTRATÉGICA

DIALÓGICA

O selo DIALÓGICA da Editora InterSaberes faz referência às publicações que privilegiam uma linguagem na qual o autor dialoga com o leitor por meio de recursos textuais e visuais, o que torna o conteúdo muito mais dinâmico. São livros que criam um ambiente de interação com o leitor – seu universo cultural, social e de elaboração de conhecimentos –, possibilitando um real processo de interlocução para que a comunicação se efetive.

EDITORA
intersaberes

Administração estratégica: planejamento, ferramentas e implantação

Letícia Mirella Fischer Campos

EDITORA intersaberes

Rua Clara Vendramin, 58
Mossunguê, Curitiba,
Paraná, Brasil
CEP 81200-170
Fone: (41) 2106-4170
www.intersaberes.com
editora@editoraintersaberes.com.br

Conselho editorial
Dr. Ivo José Both (presidente)
Dr.ª Elena Godoy
Dr. Nelson Luís Dias
Dr. Neri dos Santos
Dr. Ulf Gregor Baranow

Editora-chefe ~ Lindsay Azambuja

Supervisora editorial ~ Ariadne Nunes Wenger

Analista editorial ~ Ariel Martins

Capa ~ Kátia Priscila Irokawa (*design*)
Sentavio, MrVander/Shutterstock (imagens)

Projeto gráfico ~ Raphael Bernadelli

Diagramação ~ LAB Prodigital

Iconografia ~ Vanessa Plugiti Pereira

Informamos que é de inteira responsabilidade da autora a emissão de conceitos.

Nenhuma parte desta publicação poderá ser reproduzida por qualquer meio ou forma sem a prévia autorização da Editora InterSaberes.

A violação dos direitos autorais é crime estabelecido na Lei n. 9.610/1998 e punido pelo art. 184 do Código Penal.

Dados Internacionais de Catalogação na Publicação (CIP)
(Câmara Brasileira do Livro, SP, Brasil)

Campos, Letícia Mirella Fischer
  Administração estratégica: planejamento, ferramentas e implantação/Letícia Mirella Fischer Campos. Curitiba: InterSaberes, 2016. (Série Administração Estratégica)

  Bibliografia.
  ISBN 978-85-5972-072-3

  1. Administração de empresas 2. Planejamento empresarial 3. Planejamento estratégico I. Título. II. Série.

16-03122 CDD-658.4012

Índices para catálogo sistemático:
1. Administração estratégica: Empresas: Administração 658.4012

ABDR EDITORA AFILIADA

1ª edição, 2016.
Foi feito o depósito legal.

Sumário

Sumário - 5

Apresentação - 9

Como aproveitar ao máximo este livro - 13

1. Introdução à administração estratégica - 17
    1.1 Objetivos - 27
    1.2 Missão, visão e valores - 38
    1.3 Clientes e *stakeholders* - 46
    1.4 Análise ambiental: interna e externa - 55

2. Análise organizacional - 73
    2.1 Análise das áreas funcionais - 78
    2.2 Cadeia de valor e competências essenciais - 90
    2.3 Organização e classificação das competências essenciais - 100
    2.4 Análise Swot (Fofa) - 108
    2.5 Gestão do conhecimento - 113

3. Planejamento estratégico - 129
    3.1 Gestão estratégica - 132
    3.2 *Benchmarking* - 138
    3.3 Plano de ação - 143

4. Aplicação de estratégias ~ 161
    4.1   Definição de estratégias ~ 164

5. Ferramentas estratégicas para a construção de cenários ~ 197
    5.1   Método de Peter Schwartz, ou método da Global Business Network (GBN) ~ 200
    5.2   Método de previsão de cenários de Michel Godet ~ 205
    5.3   Método de cenários de Michael Porter ~ 208

6. Ferramentas estratégicas ~ 221
    6.1   Matriz produto-mercado ~ 224
    6.2   Matriz BCG ~ 227
    6.3   Matriz GE ~ 231
    6.4   Matriz de parentesco ~ 235
    6.5   Matriz histórica ~ 236
    6.6   *Balanced scorecard* ~ 237

Para concluir... ~ 249

Referências ~ 251

Respostas ~ 259

Sobre a autora ~ 265

Ao meu filho Bernardo.

Apresentação

O objetivo deste livro é apresentar para estudantes e profissionais de administração estratégica uma discussão de modelos e pontos de vista de diferentes autores da área, bem como mecanismos de aprendizagem da estratégia.

O assunto é vasto, e diversos outros pontos específicos poderiam ter sido abordados. No entanto, optamos por nos concentrar na demonstração da complexidade e, ao mesmo tempo, da necessidade básica das organizações de desenvolver e implantar uma estratégia eficiente para seu negócio.

Muitas empresas caracterizam-se por uma visão de que a estratégia se aplica somente à alta direção ou exclusivamente aos clientes da organização. Essa perspectiva deixa de lado diversos aspectos envolvidos na questão, como a análise interna e externa da organização, a atenção que deve ser dispensada às considerações dos colaboradores de todos os níveis hierárquicos, a reflexão sobre as necessidades da sociedade e a visão voltada para o futuro, somada à consciência de que ninguém é forte e competitivo amanhã se não fundar raízes sólidas hoje.

Nosso objetivo maior é demonstrar que uma estratégia, por mais audaciosa que seja, de nada servirá para a empresa e para a sociedade se não sair do papel. Muitas organizações estampam sua missão, sua visão, seus objetivos e muitas outras declarações em seus corredores e *websites*, mas não os colocam em uso, tampouco incentivam seus funcionários a adotar práticas que estejam de acordo com as diretrizes do empreendimento.

Portanto, é preciso colocar conceitos estratégicos em prática e desenvolver estratégias reais para empresas reais. Este é o convite que fazemos a você, leitor: refletir sobre seus estudos e experiências e desenvolver estratégias funcionais e eficientes para as empresas que operam ou venham ainda a se constituir em nosso mercado.

Logo no Capítulo 1, apresentaremos os fundamentos necessários para se compreender a administração estratégica e se identificarem os fatores e as pessoas envolvidos na implantação de uma gestão holística da organização, de forma a inseri-la no ambiente externo sem perder o foco dos objetivos internos e da realidade da empresa.

No Capítulo 2, faremos uma análise conjunta dos departamentos da empresa e do modo como eles se relacionam com a estratégia, pois esta não pode ser delegada a apenas uma área, mas agregar todos os envolvidos. Assim como os departamentos internos são importantes, a estratégia também abrange a cadeia de valor da empresa. Por isso, descreveremos as principais competências de um negócio, bem como demonstraremos métodos de determinação de seus diferenciais, ou seja, as características que o destacam da concorrência. Conhecer as especificidades de uma empresa em relação às das demais concorrentes no mercado pode ser a chave para a elaboração de uma estratégia empresarial de destaque. Em seguida, veremos a aplicação da matriz Swot, ferramenta de análise de cenário cuja função é elencar e avaliar as forças e as fraquezas da organização, bem como as oportunidades e as ameaças do mercado do qual o empreendimento faz parte.

O Capítulo 3 será dedicado ao planejamento estratégico, ferramenta organizacional para a implantação da estratégia. A organização deve compreender os aspectos presentes nos ambientes em que atua e como esses fatores podem influenciar as tomadas de decisão. Nesse capítulo, também teremos como foco a adição de valor ao planejamento estratégico, que pode ser alcançada por meio do *benchmarking*, recurso utilizado para a verificação de vantagens competitivas de negócios concorrentes de destaque, a fim de que a organização possa se beneficiar de boas estratégias de negócios em áreas ainda pouco exploradas. Assim, a empresa mais conhecedora do seu negócio pode elaborar o plano estratégico considerando visões de todas as partes envolvidas no negócio.

O Capítulo 4 terá como tema central modelos de classificação das estratégias que podem ser utilizadas pelas empresas. Nem todos os empreendimentos agem do mesmo modo para aproveitar oportunidades e enfrentar desafios apresentados pelo mercado, pois podem ter posicionamentos diferentes em relação ao que buscam para seus negócios e ao que oferecem aos seus clientes.

No Capítulo 5, apresentaremos algumas das principais ferramentas e métodos de construção de cenários para que a empresa se estruture no ambiente atual e futuro em seus negócios. A estratégia deve ser pensada de modo a ser coerente com o momento atual vivido pela organização, mas também precisa ser flexível para incorporar mudanças necessárias. O objetivo desse capítulo será demonstrar como o equilíbrio e a flexibilidade são fundamentais para o empreendimento de sucesso.

Veremos ainda, no Capítulo 6, ferramentas estratégicas (as matrizes produto-mercado, GE, parentesco e histórica e o *balanced scorecard*) que permitem a implantação das estratégias pretendidas pela organização de maneira mais prática, possibilitando a visualização dos resultados de maneira clara e precisa para a gerência correta dos negócios.

Sucesso e boa leitura!

Como aproveitar ao máximo este livro

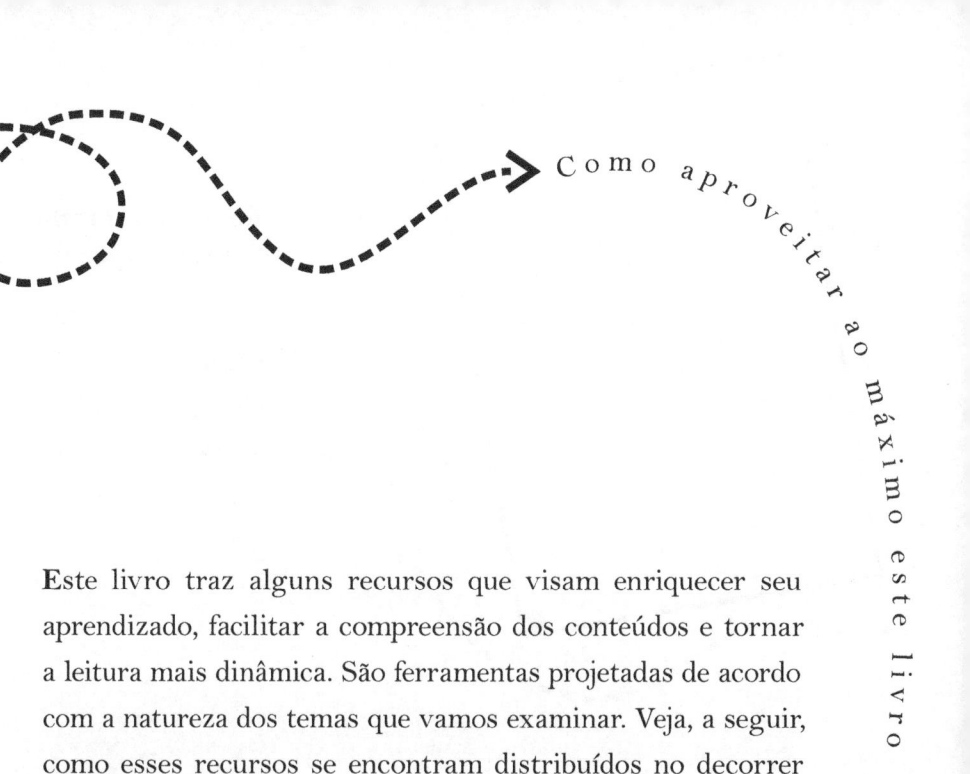

Este livro traz alguns recursos que visam enriquecer seu aprendizado, facilitar a compreensão dos conteúdos e tornar a leitura mais dinâmica. São ferramentas projetadas de acordo com a natureza dos temas que vamos examinar. Veja, a seguir, como esses recursos se encontram distribuídos no decorrer desta obra.

Conteúdos do capítulo:

Logo na abertura do capítulo, você fica conhecendo os conteúdos que serão nele abordados.

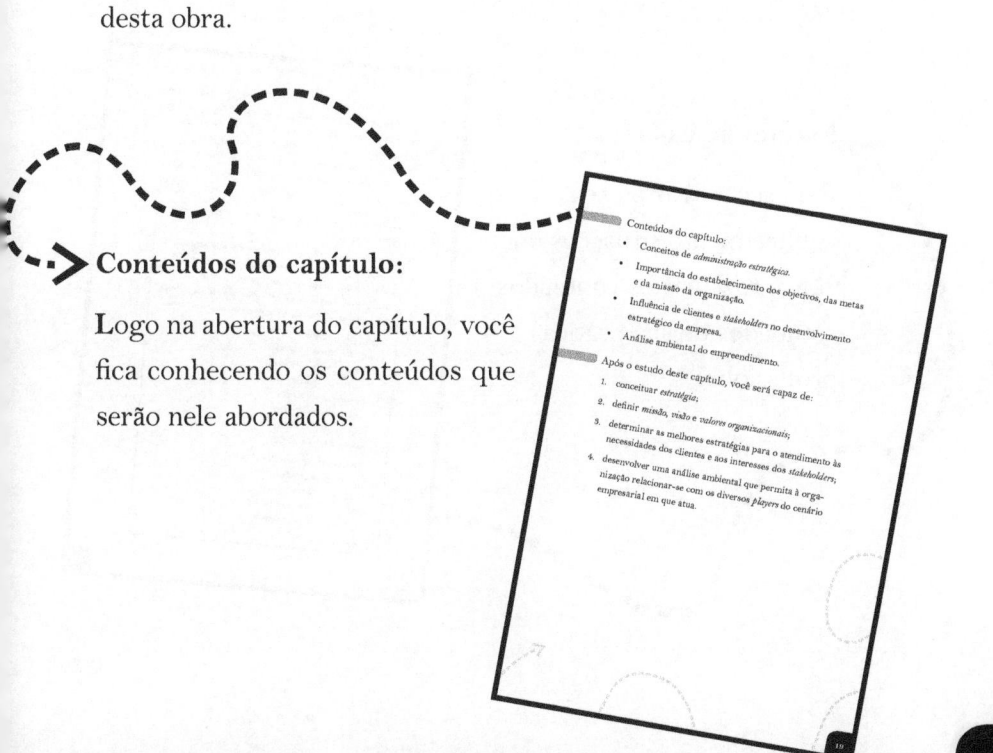

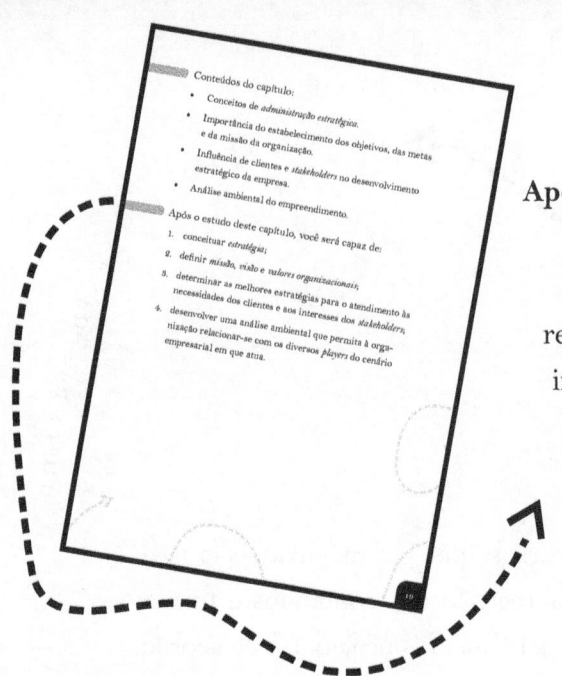

Após o estudo deste capítulo, você será capaz de:

Você também é informado a respeito das competências que irá desenvolver e dos conhecimentos que irá adquirir com o estudo do capítulo.

Estudo de caso

Esta seção traz ao seu conhecimento situações que vão aproximar os conteúdos estudados de sua prática profissional.

Síntese

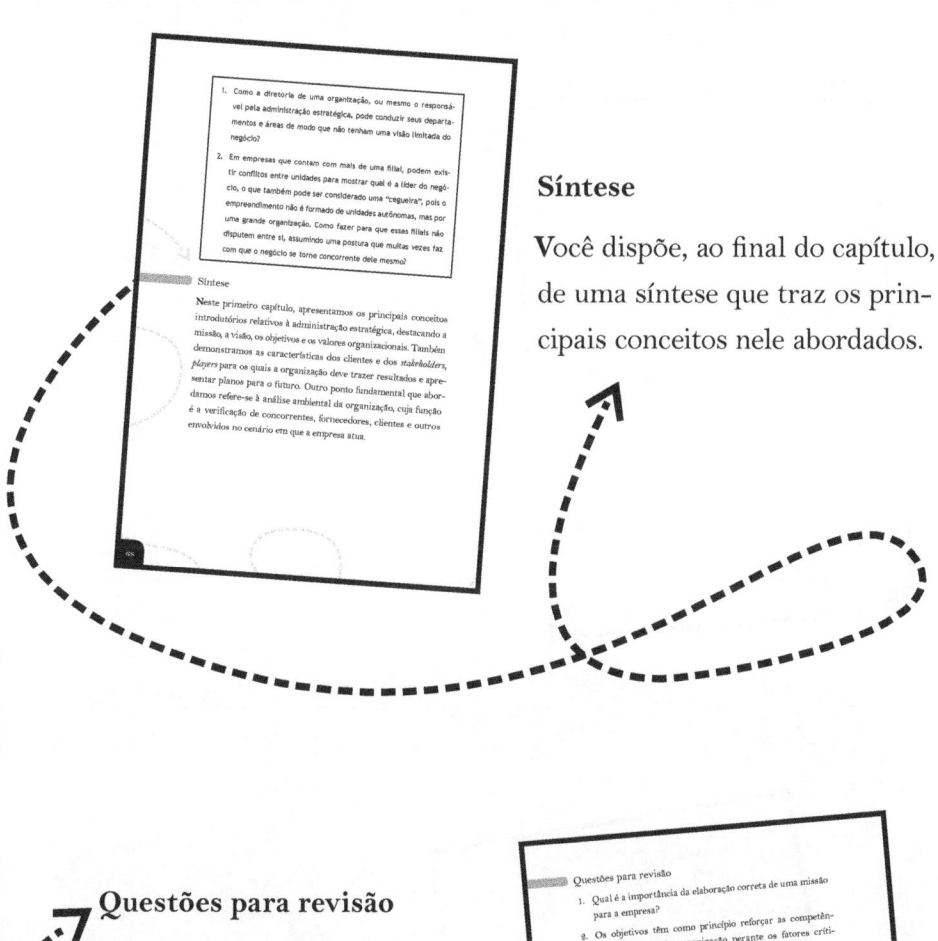

Você dispõe, ao final do capítulo, de uma síntese que traz os principais conceitos nele abordados.

Questões para revisão

Com estas atividades, você tem a possibilidade de rever os principais conceitos analisados. Ao final do livro, os autores disponibilizam as respostas às questões, a fim de que você possa verificar como está sua aprendizagem.

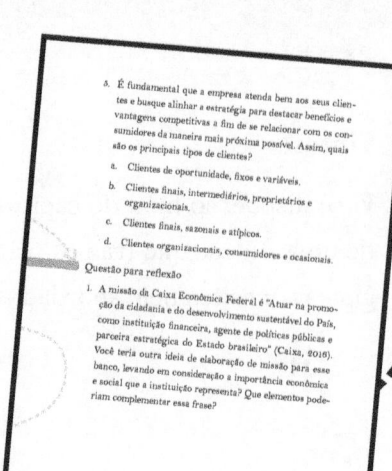

Questões para reflexão

Nesta seção, a proposta é levá-lo a refletir criticamente sobre alguns assuntos e a trocar ideias e experiências com seus pares.

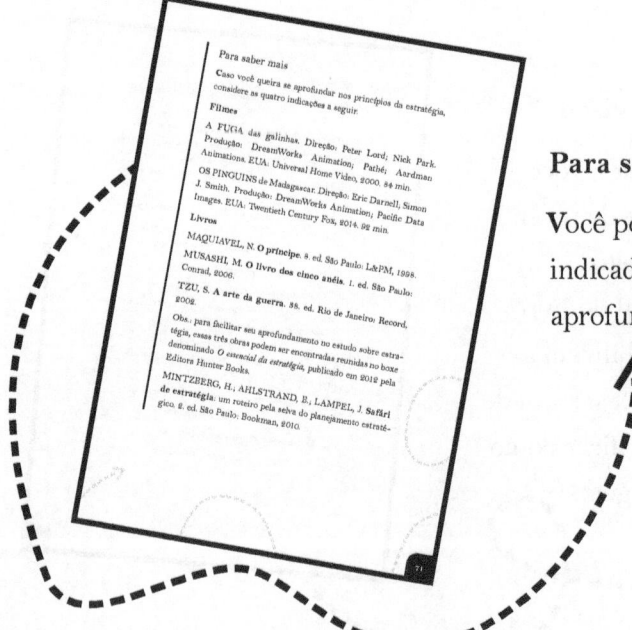

Para saber mais

Você pode consultar as obras indicadas nesta seção para aprofundar sua aprendizagem.

Introdução à administração estratégica

capítulo 1

Conteúdos do capítulo:

- Conceitos de *administração estratégica*.
- Importância do estabelecimento dos objetivos, das metas e da missão da organização.
- Influência de clientes e *stakeholders* no desenvolvimento estratégico da empresa.
- Análise ambiental do empreendimento.

Após o estudo deste capítulo, você será capaz de:

1. conceituar *estratégia*;
2. definir *missão, visão* e *valores organizacionais*;
3. determinar as melhores estratégias para o atendimento às necessidades dos clientes e aos interesses dos *stakeholders*;
4. desenvolver uma análise ambiental que permita à organização relacionar-se com os diversos *players* do cenário empresarial em que atua.

Todas as organizações precisam desenvolver estratégias para se consolidarem em seus respectivos nichos. Não há como uma empresa operar em um mercado sem determinar sua própria estratégia e a do mercado em que atua, formado por concorrentes, governo, fornecedores, clientes e todas as demais organizações e pessoas presentes nesse cenário.

> A estratégia é a visão futura da organização, mas também sua base, pois é a partir dela que a gestão deve traçar seu planejamento, suas metas e seus objetivos para que todos os envolvidos possam saber onde estão e aonde querem chegar. A elaboração da estratégia organizacional deve levar em conta os objetivos inicial e final, bem como seu posicionamento no mercado e a forma como a organização quer ser vista no nicho em que atua. São muitas preocupações, não? De fato. Portanto, faremos um longo percurso neste livro, no qual trataremos de cada um desses pontos, além de muitos outros, para que possamos esclarecer em que consiste a administração estratégica e, o mais importante, como desenvolvê-la em qualquer tipo de organização.

Primeiramente, precisamos nos familiarizar com algumas definições de *estratégia* e características relacionadas a esse conceito para que possamos desenvolver nosso raciocínio. Costa (2009, p. 15) explica que a "estratégia é a base sobre a qual são feitos os planos, prioridades são estabelecidas e modificadas, a comunicação externa e interna é estruturada, os riscos são gerenciados e a trajetória da empresa é alterada, em resposta a fatos novos". Nesse ponto, convém destacarmos o entendimento de Michael Porter, um dos grandes pensadores da estratégia e de diversos outros temas relacionados à administração: em seu livro *Estratégia competitiva: criando e sustentando um desempenho superior*, o autor afirma que a essência da estratégia competitiva de uma empresa é seu relacionamento com o ambiente que a envolve, ou seja, a organização deve ter seus olhos para fora para que possa desenvolver uma estratégia (Porter, 1985).

Segundo Wright (1992, citado por Mintzberg, 2004, p. 24), uma estratégia consiste em "planos da alta gerência para atingir resultados coerentes com as missões e os objetivos da organização". Porém, Mintzberg vai além dessa definição quando questiona sobre a estratégia "declarada" de uma empresa e aquilo que efetivamente realizou como estratégia nos negócios. O autor entende que a estratégia pode ser considerada um padrão, ou seja, uma "coerência em comportamento ao longo do tempo" (Mintzberg, 2004, p. 26).

Quando o empreendimento não tem uma estratégia, ele acaba se limitando à atuação nos níveis operacional e tático, ou seja, a organização apenas vislumbra ações pequenas e de curto prazo. As AÇÕES OPERACIONAIS, como o próprio nome demonstra, são aquelas relativas às operações de produção, *marketing*, gestão de recursos humanos, entre outras – todas operações de menor impacto, desenvolvidas por um pequeno grupo de pessoas, que, muitas vezes, compreendem apenas suas respectivas tarefas e não têm a visão global da empresa. As AÇÕES TÁTICAS são um pouco mais abrangentes, pois podem se associar a uma ou mais ações operacionais. No entanto, essas iniciativas também são bastante limitadas, não compreendendo ações de longo prazo ou externas ao negócio, uma vez que são destinadas a oportunidades e ameaças pontuais e a medidas corretivas, sem que se tenha em vista uma previsão de um ambiente futuro.

> Considerando esse pensamento, podemos afirmar que uma empresa sem estratégia é, no mínimo, uma empresa míope, pois enxerga apenas aquilo que está muito próximo a ela, tendo uma visão reduzida do todo, para um período limitado. A organização que detém uma estratégia consegue se antecipar a determinados problemas e, ainda, projetar seus produtos, serviços, vendas e negócios no longo prazo no mercado futuro.

Neste ponto do texto, vamos deixar de lado as organizações desprovidas de estratégia e focar as empresas que dão ênfase a essa ferramenta. Normalmente, as decisões táticas ocorrem em nível gerencial e, em geral, consistem em decisões destinadas à operacionalização das grandes decisões estratégicas, tomadas pela direção da organização. Por exemplo: se uma decisão estratégica consiste em comprar uma nova empresa, uma das decisões táticas refere-se à definição da nova linha de produtos ou da nova estrutura organizacional. Portanto, as decisões táticas caracterizam-se por um impacto de médio prazo, e sua extensão é limitada a um conjunto de áreas ou setores da organização. E quanto às decisões operacionais?

Podemos definir as decisões operacionais como a materialização das decisões principais, ou seja, a empresa deve respeitar a hierarquia das tomadas de decisão: primeiramente as estratégicas e, em seguida, as ações táticas para, enfim, operacionalizar o planejado. São aquelas decisões do cotidiano que se concretizam no curto prazo, como a decisão de comprar de um determinado fornecedor, a contratação de um novo funcionário ou, ainda, a determinação da política de descontos que pode ser aplicada a um produto. Assim, suas implicações são limitadas a apenas um setor ou área específica da empresa.

A abrangência dessas decisões pode ser representada por meio da imagem de uma pirâmide. As decisões estratégicas encontram-se no topo, posto que, apesar de efetuadas em menor volume, abrangem toda a organização. No centro, temos as decisões táticas, que são tomadas com maior frequência, abrangem todas as áreas, porém com menor impacto para a organização. Finalmente, verificamos na base da pirâmide as decisões operacionais, as quais ocorrem em todas as áreas, mas afetam apenas a si mesmas, sem impacto no restante da organização.

FIGURA 1.1 – Níveis de decisão organizacional

Para Fernandes e Berton (2012, p. 4), "estratégia empresarial é o conjunto dos grandes propósitos, dos objetivos, das metas, das políticas e dos planos para concretizar uma situação futura desejada, considerando as oportunidades oferecidas pelo ambiente e os recursos da organização". Essa definição complementa os conceitos analisados anteriormente, pois a coordenação de todas as ações da organização em seu ambiente interno é fundamental, levando em conta não só os elementos dos níveis operacional e tático, mas também os que se encontram fora da empresa, no ambiente. Outra informação que a definição de Fernandes e Berton (2012) nos apresenta é a necessidade de conhecer os RECURSOS DA ORGANIZAÇÃO.

> Por exemplo: de nada adianta uma empresa planejar uma estratégia organizacional que vise à conquista de um terço do mercado brasileiro de determinado produto se dispuser de uma estrutura que lhe permita apenas produzir o suficiente para atender ao pequeno bairro de uma pequena cidade. É necessário vislumbrar o futuro com os pés no chão. É claro que muitas empresas podem (e devem) sonhar alto e definir sua estratégia para um dia atingir seus objetivos. No entanto, uma visão pouco realista das condições para se alcançar determinada meta não é de muita ajuda. Consideremos a definição de Henderson (1998, p. 5), que descreve *estratégia* como "a busca deliberada de um plano de ação para desenvolver e ajustar a vantagem competitiva de uma empresa. Para qualquer empresa, a busca é um processo interativo que começa com o reconhecimento de quem somos e do que temos nesse momento". Em outras palavras, é preciso conhecer a organização, seus pontos fortes e fracos, as oportunidades e as ameaças, para que se possa, então, desenvolver um plano de ação para melhorar as oportunidades e os pontos fortes e, consequentemente, tentar reduzir as ameaças e os pontos fracos da organização.

Para estabelecer a estratégia competitiva de uma organização e, assim, oferecer o que é considerado primordial para seus clientes, é preciso identificar as diferenças entre essa empresa e as concorrentes – os pontos fortes e fracos da organização e da concorrência.

Então, quais seriam os elementos básicos dessa competição estratégica?

- Compreender o comportamento competitivo das empresas como um sistema no qual as organizações, seus recursos, seus clientes e demais pessoas envolvidas estão em constante interação.

- Ter a capacidade de utilizar essa compreensão para estabelecer um equilíbrio competitivo com movimentos estratégicos.

- Possuir ou desenvolver recursos para novos produtos ou serviços e conquistar novos mercados, tanto no curto quanto no longo prazo.

- Determinar o investimento necessário, compreendendo os riscos e os lucros que podem advir da estratégia.

- Ter disposição para agir.

A competição estratégica inicia-se da forma descrita, porém muitos outros elementos devem ser considerados, pois, da mesma maneira que determinada organização age, a concorrente pode realizar o mesmo movimento, fato que tem de ser detectado com rapidez, antes que se coloquem todos os esforços em algo que resultará, no máximo, em um empate com a concorrência. É preciso antecipar-se, caso exista a necessidade de rápida mudança de curso no desenvolvimento de novas estratégias. Como afirma Sun Tzu em seu célebre *A arte da guerra* (2006):

- Aquele que conhece o inimigo e a si mesmo lutará cem batalhas sem perigo de derrota.
- Para aquele que não conhece o inimigo, mas conhece a si mesmo, as chances para a vitória ou para a derrota serão iguais.
- Aquele que não conhece o inimigo nem a si próprio será derrotado em todas as batalhas.

De nada adianta apenas traçar a estratégia: também é necessário saber como o concorrente (inimigo) desenvolve sua estratégia, pois, assim, será possível competir sem perigo de perda de mercado, clientes e oportunidades. Se, porventura, o gestor trabalhar apenas com a visão interna da organização, fatalmente será surpreendido, em algum momento, por outra empresa que conhece a própria força e a do concorrente, e o fracasso será certo.

Tendo em vista esse raciocínio, podemos entender a estratégia como um meio para chegar a um fim. Dito de outro modo: a estratégia nunca é um fim, e, sim, um caminho para atingir determinados objetivos. Pode ser um pouco confuso pensar dessa maneira, pois os objetivos traçam a estratégia e também são traçados por ela. Para compreendermos essa dinâmica, precisamos entender o que são *objetivos*.

1.1 Objetivos

De acordo com Richers (1994), não pode existir organização sem objetivos. *Objetivo*, no contexto desta obra, pode ser entendido como um sistema de comportamentos cooperativos que servem para orientar a conduta dos membros de uma empresa, em concordância com os fins esperados. Os objetivos devem ser considerados, portanto, como uma espécie de marco do desempenho esperado, cuja função consiste em auxiliar a organização a manter o foco nos resultados que procura. Para Johnson, Scholes e Whittington (2011), os objetivos são declarações de resultados específicos a serem alcançados pela organização, desde o nível operacional até as unidades estratégicas do negócio.

Assim, os objetivos têm como princípio reforçar as competências essenciais da organização perante os fatores críticos de sucesso, ou seja, os fatores de destaque que podem ser considerados determinantes para o êxito de uma empresa, convertendo as diretrizes estratégicas, a visão e a missão em desempenho esperado pela empresa. Dessa maneira, é possível manter o foco e desenvolver objetivos cada vez mais assertivos.

Para formular bons objetivos, de acordo com Fernandes e Berton (2012, p. 153), o gestor precisa considerar algumas orientações:

- quantificar e definir prazos para os objetivos da organização, levando em consideração os diversos *stakeholders*;
- comunicar claramente os objetivos e alinhá-los à missão e aos valores da empresa;

- detalhar os objetivos em diversos níveis, sabendo desafiar as pessoas sem desanimá-las;
- manter a flexibilidade.

Podemos classificar os objetivos, quanto a sua natureza, em GERAIS ou ESPECÍFICOS. Os objetivos gerais são aqueles que se referem à organização como um todo e são definidos pela alta administração. Por exemplo:

> Expandir as vendas do produto X para a Região Norte do Brasil.

Esse é um objetivo geral, pois todos os departamentos devem ser mobilizados para atingi-lo. Os Departamentos de Vendas e *Marketing* devem monitorar o mercado, os concorrentes, os preços praticados, as expectativas dos consumidores etc. O Departamento de Recursos Humanos deve deslocar colaboradores para a região indicada, enquanto o Departamento de Produção deve aumentar a quantidade de produtos, pois haverá uma expansão. Por sua vez, o Departamento de Logística deve planejar a distribuição e a armazenagem, entre tantas outras operações para a realização do objetivo elaborado.

Já os objetivos específicos são aqueles determinados pelos níveis intermediários da organização, ou seja, os níveis táticos e operacionais. Por exemplo:

> Aumentar o número de caminhões para transporte dos produtos X para a Região Norte do Brasil.

Essa é uma decisão do Departamento de Logística, pois, para que o objetivo geral de expandir as vendas na Região Norte se concretize, um dos objetivos a serem estabelecidos para o cumprimento da estratégia da organização é o aumento da frota de caminhões direcionada à nova área.

Conseguiu entender a diferença? Em outras palavras, é preciso estabelecer objetivos que direcionem toda a organização, bem como fixar objetivos por área ou departamento, concebidos para que os setores da organização possam orientar suas decisões para o alcance das metas propostas.

Os objetivos também podem ser classificados como de CURTO, MÉDIO ou LONGO PRAZO, ou seja, de acordo com seu tempo de execução e concretização.

Os objetivos de curto prazo são mais específicos e devem ser atendidos o mais rápido possível. Alguns classificam os objetivos específicos como metas, pois pressupõem ações pontuais que devem ocorrer nos dias ou semanas subsequentes ao estabelecimento do propósito, para que, assim, as pessoas envolvidas possam ter uma clareza maior das ações. Por exemplo: para o objetivo específico de aumentar o número de caminhões, podemos traçar a seguinte meta:

> Realizar cotação de preço do modelo de caminhão Y24H em três diferentes concessionárias para o dia 12/03.

Aqui temos dados específicos e claros para que o funcionário possa cumprir o objetivo específico. Ele tem as informações referentes ao modelo de caminhão, à quantidade de orçamentos que precisa solicitar e ao prazo final para a realização dessa atividade. Esse é um objetivo classificado como de curto prazo.

O termo *meta* pode ser definido como um meio qualificável e por vezes quantificável para, dentro de determinado período, alcançar o objetivo pré-escolhido (Ackoff, 1974, p. 15).

Um objetivo de médio prazo, por sua vez, é considerado como intermediário, ou seja, ele não reflete necessariamente uma ação imediata nem uma pessoa ou cargo específico para sua realização. Trata-se de um objetivo que deve ser realizado no prazo de meses, por exemplo, mas que precisa, muitas vezes, ser iniciado com antecedência para que possa, em determinado período, conforme planejado, ser concluído. Por exemplo:

> Acompanhar a sazonalidade de vendas do produto X na Região Norte do país pelo período de 12 meses.

Essa é uma ação de médio prazo, pois deve ser desenvolvida pelo período de um ano. A empresa precisará fazer a coleta mensal dos dados de sazonalidade para realizar o diagnóstico – que só poderá ser efetivamente concretizado ao término do período dos 12 meses estipulados pelo objetivo – e, então, fornecer informações precisas para os departamentos que delas necessitam.

Por fim, temos os objetivos de longo prazo, de maior abrangência. Devem ser pensados para o futuro e envolver todos os colaboradores e setores da organização. Os objetivos de longo prazo são estipulados pela alta organização e concretizados em um futuro mais distante. Por exemplo:

> Conquistar uma fatia de 50% do mercado da Região Norte para o produto X.

É possível visualizar a diferença? Planeja-se na atualidade expandir as vendas para a área indicada, mas já se concebe o objetivo de futuramente atingir 50% do mercado desse produto para a nova região que se quer conquistar. É um objetivo de longo prazo e que deve envolver todos os departamentos, pois é necessário novamente pensar em como os Departamentos de *Marketing*, Finanças, Recursos Humanos, Produção, Logística etc. deverão mobilizar-se para que o objetivo proposto possa ser concretizado.

Os objetivos podem ser classificados ainda quanto a sua forma. Nesse aspecto, eles podem ser expressos QUANTITATIVAMENTE ou QUALITATIVAMENTE.

Como os próprios termos citados indicam, os objetivos expressos quantitativamente são aqueles passíveis de quantificação, como os objetivos financeiros. Por exemplo:

> Aumentar em 2% a margem de contribuição do produto X para o próximo trimestre.

Temos aqui dados específicos referentes ao objetivo: o valor da margem de contribuição e quanto se quer aumentá-la; portanto, fica claro às pessoas envolvidas o quanto elas deverão trabalhar para que possam aumentar esse indicador para a empresa. Qual é o prazo determinado para a atividade? O próximo trimestre. Assim, também fica claro que esse aumento deverá acontecer no período estipulado no objetivo. Fica definido, então, o que deve ser feito e quando. Porém, para que se possa definir COMO isso será feito, novos objetivos mais específicos e de curto prazo deverão ser estipulados de modo que seja possível atingir o resultado esperado.

Os objetivos qualitativos, por sua vez, são aqueles relacionados a critérios intangíveis ou muito subjetivos e, portanto, de difícil mensuração. Por exemplo:

> Gerar uma imagem de uma empresa cidadã para a sociedade e os consumidores.

O que é uma empresa cidadã? Pode ser uma empresa que não polui, que contrata pessoas com necessidades especiais, que paga salários e benefícios justos, que oferece espaços comunitários de lazer para os moradores da cidade. São inúmeras as iniciativas que podem fazer com que o empreendimento tenha ou não a imagem desejada perante seus clientes e a sociedade. De todo modo, esse é um objetivo inevitável por parte de qualquer organização que pretenda manter-se no mercado, pois empreendimentos que promovem essa ideia de melhoria de qualidade de vida de seus funcionários e da sociedade como um todo são muito valorizados.

QUADRO 1.1 – Resumo das classificações dos objetivos organizacionais

Quanto a sua natureza	Gerais	Referem-se à organização como um todo e são definidos pela alta administração.
	Específicos	São determinados pelos níveis intermediários da organização, ou seja, os níveis táticos e operacionais.
Quanto ao tempo de execução e concretização	De curto prazo	São mais específicos e devem ser atendidos o mais rápido possível.
	De médio prazo	Não refletem necessariamente uma ação imediata, mas muitas vezes demandam planejamento prévio.
	De longo prazo	Devem ser pensados para o futuro e envolver todos os colaboradores e setores da organização. São estipulados pela alta direção e concretizados em um futuro mais distante.
Quanto a sua forma	Quantitativos	São passíveis de quantificação.
	Qualitativos	São subjetivos e de difícil mensuração.

Além dos objetivos DA organização, é preciso pensar nos objetivos buscados NA organização. Qual é a diferença? Há os objetivos que a empresa enseja e os objetivos que seus colaboradores procuram atingir. Estes últimos também precisam ser considerados na elaboração da estratégia, pois a organização, como sabemos, é formada por pessoas. Portanto, é de fundamental importância compreender e conhecer os objetivos das pessoas que atuam no empreendimento para que seja possível estabelecer novos objetivos e concretizá-los, pois indivíduos que trabalham felizes e realizados consequentemente trarão melhores resultados para o negócio.

> Para Bernardes (2014), uma forma de saber o que um indivíduo busca na organização é perguntar a ele diretamente: qual é seu objetivo? Porém, esse tipo de questão geraria diversas respostas, que muitas vezes poderiam não ter o foco desejado para a conciliação dos objetivos pessoais dos funcionários com os da empresa. Por isso, métodos indiretos de investigação podem ser mais eficientes, como perguntar características de seus trabalhos anteriores que lhe trouxeram maior ou menor satisfação. Segundo Bernardes (2014), esse método de questionamento tem outra vantagem: a possibilidade de aproveitar numerosas pesquisas já realizadas sobre satisfação-insatisfação e, com base nelas, descobrir o que os participantes da pesquisa almejam conseguir na organização.

Por meio de pesquisas desse gênero realizadas em algumas empresas, foram identificados 15 tipos de objetivos como principais, que traduzem a ideia de busca de satisfação e podem ser classificados em três dimensões, segundo Bernardes (2014, p. 37). O primeiro grupo diz respeito a fatores decorrentes do trabalho em si, como desenvolvimento profissional ou execução de tarefas mais interessantes, classificados como TECNOLOGIAS. Outros são relacionados à atividade desempenhada, como remuneração adequada ou possibilidade de promoção, classificados como PRECEITOS. O terceiro grupo refere-se a relacionamentos com os colegas e chefia, classificados como SENTIMENTOS DE AFILIAÇÃO. Vejamos, então, esses objetivos classificados no Quadro 1.2.

Quadro 1.2 – Classes de objetivos buscados nas organizações

Tecnologias	Preceitos	Sentimentos de afiliação
<ul><li>Conclusão da tarefa iniciada</li><li>Reconhecimento pelo serviço executado</li><li>Responsabilidade e autonomia</li><li>Execução de serviço interessante</li><li>Aprendizado e desenvolvimento profissional</li></ul>	<ul><li>Organização bem administrada</li><li>Trabalho sob chefia competente</li><li>Oportunidade de promoção</li><li>Salário condizente, oferta de benefícios e participação nos lucros</li><li>Estabilidade no emprego</li><li>Trabalho em bom ambiente físico</li><li>Desfrute de prestígio</li><li>Usufruto de poder</li></ul>	<ul><li>Amizade com as chefias</li><li>Bom relacionamento com os companheiros</li></ul>

Fonte: Adaptado de Bernardes, 2014, p. 37.

Para que a organização possa definir seus objetivos e atingi-los, ela também deve analisar seu ambiente interno e verificar quais são os objetivos de seus colaboradores a fim de satisfazê-los.

Existe alguma técnica que pode ser utilizada para a elaboração dos objetivos? É preciso ter clara a ideia de que os objetivos (estratégicos de longo prazo, quantitativos, específicos ou de curto prazo) devem estimular os colaboradores a também se desenvolverem com a organização, devem ser desafiantes para orientar o cumprimento das metas e aumentar o empenho das pessoas. Uma técnica que pode auxiliar na elaboração desses objetivos, para que sejam entendidos por todos e compartilhados pela organização, são as chamadas *diretrizes Smart de elaboração das metas*.

Como vimos, as metas são meios para que se possa, com clareza de propósito, atingir objetivos, sejam da organização, sejam das pessoas que ali trabalham.

As metas Smart (termo em inglês para *inteligente*) são:

S (*specific*) específicas

M (*mensurable*) mensuráveis

A (*attainable*) atingíveis

R (*realistic*) realistas

T (*timely*) tempestivas

Vamos analisar um caso fictício de uma empresa que irá utilizar a técnica para estabelecer suas metas e atingir seus objetivos.

> A empresa O que Há de Mais Doce, vendedora de doces diversos, apresenta sazonalidade de suas vendas bem variada – nas semanas que antecedem os feriados de Páscoa e Natal, a empresa aumenta em até 60% suas vendas; nos demais meses, o empreendimento se mantém um pouco mais estável, com oscilações de 5% a 10%. A O que Há de Mais Doce deseja aumentar suas vendas em 15% nos demais meses do ano, portanto precisa estabelecer algumas iniciativas. Como a organização definiu um aumento de 15% em seu volume de negócios, trata-se de uma meta específica (**S**), que pode ser mensurada (**M**) pelo acompanhamento do crescimento das vendas nos demais meses.

> Essa meta é atingível (**A**), pois pressupõe uma oscilação nas vendas que já existe; assim, o empreendimento precisa apenas investir em mais divulgação e promoções para conseguir aumentar sua clientela nos demais meses. A proposta de aumento em 15% nas vendas no restante do ano parece ser realista (**R**), pois a empresa não tem como pretensão aumentar sua vendagem em 60%, como nas épocas de festas, e, sim, em um quarto desse valor, de modo a estabelecer um crescimento equilibrado. Além disso, a meta é tempestiva (**T**), pois sabe-se quais os meses em que deverá haver um esforço maior para que ela seja atingida.

A definição de objetivos e metas confere às organizações algumas vantagens, conforme elencam Fernandes e Berton (2012):

- CONCENTRAÇÃO DE ESFORÇOS – Bons objetivos promovem a concentração de esforços para se atingirem os resultados pretendidos pela empresa, evitando-se desperdícios de tempo, dinheiro, pessoal, entre outros.

- PROMOÇÃO DE INDICADORES E CONTROLE – Quando se estabelecem bons objetivos, bons indicadores de gestão podem ser estabelecidos para acompanhá-los. Essa iniciativa pode gerar um ciclo virtuoso, pois a organização pode rever seus indicadores constantemente por meio do estabelecimento de novos objetivos.

- PROMOÇÃO DO APRENDIZADO – As informações oriundas das análises do cumprimento dos objetivos estabelecidos aumentam o conhecimento da empresa, que pode confrontar o que foi planejado com o que foi atingido e analisar os motivos que levaram a equipe a alcançar, superar ou ficar abaixo do inicialmente planejado.

- ESTABELECIMENTO DE UMA BASE PARA AS ESTRATÉGIAS – Os objetivos podem servir de base para a formulação das estratégias que norteiam as ações da organização.

Compreendidas as especificidades e classificações dos objetivos e das metas, precisamos, para continuar nossa discussão sobre administração estratégica, definir *visão, missão* e *valores da organização*, pois esses conceitos fazem parte do planejamento das empresas e, portanto, da construção de sua estratégia.

1.2
Missão, visão e valores

Segundo Williams (2010, p. 87), a VISÃO é a "declaração da finalidade ou a razão da existência de uma empresa", e a declaração da visão da empresa deve ser breve, permanente, inspiradora, clara e coerente com as crenças e os valores amplamente compartilhados nela. Costa (2009) também apresenta um conceito parecido, quando afirma que a visão reflete as aspirações da organização, ao descrever o ideal a ser atingido e a forma como espera ser vista e reconhecida no futuro. Em outras palavras, a visão deve ser a declaração de como a empresa quer ser vista interna e externamente – por seus funcionários, pela diretoria, pelos clientes e pela sociedade como um todo.

Segundo Torres et al. (2013, p. 51), a VISÃO ESTRATÉGICA é uma afirmativa positiva e inspiradora da empresa, compartilhada por todos – comunidades interna e externa – e sustentada pelo líder da organização. Os objetivos da visão são a mobilização de sentimentos no sentido de atender a necessidades e expectativas, a definição do que a empresa pretende atingir e a representação de algo que valha a pena buscar.

Vejamos alguns exemplos de declaração de visão:

- "Ser a companhia que melhor entende e satisfaz as necessidades de produtos, serviços e autorrealização das mulheres no mundo todo" (Avon, 2016).
- "Fazer as pessoas felizes" (Connellan, 1998).
- "Ser reconhecida como a melhor e mais eficiente instituição financeira do País e pela atuação em prol da inclusão bancária e do desenvolvimento sustentável" (Bradesco, 2016).
- "Ser a empresa N° 1 de guloseimas e biscoitos da América Latina e consolidar nossa participação no mercado internacional" (Grupo Arcor, 2016a).
- "Ser empresa de referência, reconhecida como a melhor opção por clientes, colaboradores, comunidade, fornecedores e investidores, pela qualidade de nossos produtos, serviços e relacionamento" (Duratex, 2016).

De acordo com Williams (2010, p. 87), a MISSÃO, que decorre da visão, é uma meta mais específica que engloba o empenho de toda a empresa, estende-se por toda a organização e a desafia, compreendendo uma linha de chegada e uma duração definida. Outra definição de *missão* é a de Costa (2009, p. 45): "[a missão] descreve o foco da atuação da empresa: os produtos, mercados e segmentos em que esta atuará no futuro próximo, e de que forma irá competir (muitas vezes estabelece também com que nível de excelência)".

> Em 1961, o presidente americano John F. Kennedy definiu uma missão organizacional para a National Aeronautics and Space Administration (Nasa) com uma simples declaração: "alcançar a meta, antes do término desta década, de enviar o homem à Lua e trazê-lo de volta com segurança à Terra". A agência espacial cumpriu a meta em 20 de julho de 1969, quando os tripulantes da Apolo 11 chegaram à Lua.

Após realizada determinada missão, outras devem ser estabelecidas para que todos os objetivos possam ser trabalhados a fim de se atingir o mesmo propósito. A missão deve refletir decisões importantes para a empresa e que possam claramente definir qual é seu rumo para o futuro; assim, todos terão a visão do alvo da organização e de como ela quer se posicionar no mercado. Dito de outra forma, a missão é a afirmativa clara do que a empresa é ou de como ela deveria ser no momento da análise estratégica, considerando-se as principais competências que deverão estar presentes na organização.

> "Uma empresa não se define pelo seu nome, estatuto ou produto que faz; ela se define pela sua missão. Somente uma definição clara da missão é razão de existir da organização e torna possíveis, claros e realistas os objetivos da empresa" (Drucker, 1980, p. 37).

Algumas missões não têm data para acabar, ao contrário da determinada à Nasa na década de 1960 pelo então presidente, mas são declarações claras de aonde a empresa quer chegar, como demonstramos nos exemplos a seguir:

- "Dar às pessoas de todo o mundo a oportunidade de adquirir produtos de qualidade por um preço justo, criando valor para nossos acionistas, colaboradores, clientes, comunidade, fornecedores e cuidando do meio ambiente através de uma gestão baseada nos processos sustentáveis" (Grupo Arcor, 2016a).
- "Solucionar problemas ainda não solucionados" (3M do Brasil, 2011).
- "Criar vínculos fortes e duradouros com os consumidores e clientes, fornecendo-lhes as melhores marcas, produtos e serviços" (Ambev, 2016).

Algumas perguntas devem ser feitas aos responsáveis pela elaboração da missão de uma organização, pois se trata de uma tarefa árdua – sintetizar em poucas palavras tudo aquilo que se espera da empresa. A missão, após definida, deve ser difundida para toda a organização e a sociedade, para que todos possam identificar e reconhecer o rumo que estão tomando. Algumas questões são:

- Qual é o nosso negócio?
- Quem é o cliente?
- O que tem valor para o cliente?
- Que benefícios pretendemos oferecer aos nossos clientes?

Por meio dessas questões, a empresa pode começar a pensar qual é sua missão, que precisa ser clara e, até mesmo, otimista. Segundo Jesus (2011), podemos afirmar que a melhor missão empresarial tem seu desenvolvimento inspirado em uma visão utópica do futuro do empreendimento, como uma meta ou sonho inatingível, mas que tem em vista atender aos anseios e necessidades de todos ao seu redor, como clientes, fornecedores, acionistas, funcionários e a sociedade.

Conforme Torres et al. (2013, p. 49), a missão tem a função de definir o que a empresa deveria ser hoje e o que ela certamente deverá ser quando atingir a realização da visão, ou seja, trata-se do objetivo de negócio sobre o qual se deve estabelecer a construção da visão.

Para Tachizawa e Rezende (2000, p. 40),

> *para uma organização já instalada, mais importante do que formatar as frases que serão afixadas nas paredes é entender que os processos de definição ou disseminação da visão ou missão são ferramentas extremamente importantes para implementar as ações, mobilizar as pessoas para mudanças e realizar transformações, desde que obedecidos alguns princípios.*

Tais princípios podem ser descritos da seguinte maneira:

- Visão imaginativa do futuro – As pessoas são mais suscetíveis a apoiar um cenário positivo do que um pessimista.

- Retrato realista do presente – Não se deve maximizar os problemas ou os pontos fortes do momento da empresa, para que as ações previstas para o futuro não pareçam exageradamente fáceis de serem atingidas ou o oposto, impossíveis de serem bem-sucedidas.

- Emoções – O processo não pode ser estritamente racional e burocrático. É necessário buscar o envolvimento emocional das pessoas, utilizando-se metáforas, mitos, analogias, palavras de ordem e outros subsídios para mobilizar os colaboradores a se engajarem no projeto proposto.
- Identidade pessoal – A missão deve mobilizar as pessoas pela identificação de seus valores e sua cultura, fator que colabora para a participação de todos no crescimento da empresa.
- Flexibilidade – Não se trata de elaborar uma declaração ambígua de missão, mas, sim, flexível, possibilitando à empresa se adaptar às mudanças que possam ocorrer no cenário futuro de mercado.
- Risco – Deve-se ter em mente a possibilidade de que a missão seja vista como uma retórica fraca, que não promove ação, provocando desmotivação e decepção dos trabalhadores.

É fundamental que exista um alinhamento entre a missão da empresa e aquilo que é declarado ao mercado e a seus clientes. Muitas empresas elaboram sua missão e acabam por divulgá-la apenas internamente, erro que deve ser evitado a todo custo, pois é importante que o público externo também tenha acesso ao direcionamento da empresa.

Um exemplo é a missão da TIM Sul de "facilitar a vida das pessoas pela comunicação sem fronteiras", que coincide com seu *slogan* "Viver sem fronteiras".

O Quadro 1.3 representa, de maneira simplificada, as diferenças entre as características da missão e da visão de uma empresa.

QUADRO 1.3 – Distinção entre missão e visão

Características da missão	Características da visão
Identifica o negócio	É o que se "sonha" para o negócio
É a partida	É a chegada
É a "carteira de identidade da empresa"	É o "passaporte" para o futuro
Identifica "quem somos"	Projeta "quem desejamos ser"
Foco no presente para o futuro	Focalizada no futuro
Vocações para a eternidade	É mutável, conforme os desafios

Fonte: Fernandes; Berton, 2012, p. 148.

Agora que compreendemos os conceitos de *visão* e *missão*, cabe a seguinte pergunta: onde se encaixam os VALORES na elaboração da estratégia de uma organização? Os valores devem orientar as atitudes e comportamentos da empresa. Alguns valores orientam ações e decisões sobre o negócio, como a satisfação do cliente e a qualidade dos produtos; outros valores têm como objetivo a definição das formas de relacionamento interno e externo da organização.

> Os valores organizacionais são crenças, metas superiores e virtudes que a empresa deve cultivar para tornar a missão estratégica real. Em outras palavras, os valores são referências para as tomadas de decisão nos processos empresariais.

Termos e expressões representativos de valores, como *qualidade*, *ética* e *respeito ao meio ambiente*, são bastante utilizados pelas organizações e têm muita importância, pois, para que possam ser colocados em prática, demandam esforços e investimentos por parte do empreendimento. Quando dizemos que um dos valores de determinada empresa é a qualidade dos produtos e dos serviços, essa afirmação significa que o negócio deve desenvolver um sistema de qualidade que promova e implante controles de qualidade eficazes.

Segundo Torres et al. (2013, p. 50), os valores também representam um elemento da CULTURA da organização, refletindo o que há de mais nobre e idealista na empresa. Mesmo que sua aplicação seja difícil na prática, mantêm-se como desencadeadores de atitudes que promovem continuamente o alinhamento dentro da organização. Dito de outra forma, os valores são princípios que a empresa abraça e que devem ser compartilhados por todos, para que ela possa, então, ir em busca da realização de sua estratégia.

Na passagem citada a seguir, temos um exemplo de declaração de valores da Empresa Brasil de Comunicação S/A, que ilustra nossa discussão sobre o assunto (EBC, 2016):

Valores: temos compromisso com a comunicação pública. Acreditamos na independência nos conteúdos, na transparência e na gestão participativa. Defendemos os direitos humanos, a liberdade de expressão e o exercício da cidadania. Valorizamos as pessoas e a diversidade cultural brasileira. Cultivamos a criatividade, a inovação e a sustentabilidade.

No exemplo apresentado, podemos perceber que nenhum valor é mais importante que outro e que estão todos em um movimento de integração.

1.3

Clientes e *stakeholders*

Até este ponto da obra, refletimos sobre objetivos e metas, missão, visão e valores organizacionais. Por que a organização deve definir esses conceitos? Para que possa conquistar e fidelizar clientes e, se possível, aqueles que serão seus clientes no futuro. O cliente deve ser a razão maior da elaboração de qualquer estratégia de uma empresa.

Os administradores da organização podem até pensar que a missão e os objetivos do empreendimento devem ser desenvolvidos de modo a melhorar a lucratividade do negócio, reduzir seus custos e expandir seus projetos, mas nada disso será concretizado se a empresa não tiver clientes que adquiram seus produtos e serviços.

E quem são esses clientes e como são classificados? Conforme Torres et al. (2013), a análise estratégica deve estar fundamentada na definição clara de quem são os beneficiários dos resultados gerados pela organização. Para isso, deve ser feita uma relação entre o momento atual da empresa e do mercado e o cenário em que ela está inserida. Se o empreendimento tem como objetivo conquistar mais clientes, é necessário que tenha clara a ideia de que terá de se antecipar aos concorrentes para atender às necessidades dos consumidores, muitas vezes até prevendo possíveis necessidades futuras. Podemos classificar os clientes em alguns grupos de acordo com os interesses que têm pela organização, a saber:

- CLIENTES FINAIS – São os consumidores de nossos produtos e serviços. Podem ser pessoas físicas ou jurídicas, que estão na última etapa da cadeia e que são os responsáveis pela classificação da demanda. Os clientes finais podem ser nacionais, que buscam suprir suas necessidades com fornecedores do país, ou ainda globais, que podem ser divididos em clientes globais nacionais, os quais procuram globalmente, mas usam produto ou serviço no país, e os multinacionais, os quais procuram globalmente e utilizam produtos ou serviços adquiridos em vários países.

- CLIENTES INTERMEDIÁRIOS – Também são pessoas físicas. Podem ser vendedores autônomos ou empresas que compram para revenderem os produtos adquiridos. São considerados clientes intermediários as franquias, os representantes e os distribuidores, por exemplo. É importante que a empresa conheça suas necessidades para que possa atendê-los da melhor maneira e auxiliá-los a atender às necessidades dos clientes finais.

- CLIENTES ACIONISTAS OU PROPRIETÁRIOS – Os dirigentes da empresa são clientes muito importantes e devem ser atendidos com a mesma preocupação dispensada aos clientes finais.

- Clientes organizacionais – São os colaboradores da empresa, que também devem ser vistos como clientes, pois o atendimento às expectativas dos funcionários é fundamental para que se possa desenvolver atividades e ações que garantam os resultados esperados por todos, dentro e fora da organização.

- Parceiros – O conceito de *parceria* tem muita relevância nas organizações. As parcerias podem ser estabelecidas para o compartilhamento de recursos e informações destinados ao melhor desenvolvimento de produtos e serviços para o mercado. Os parceiros também têm a importância de clientes.

- Fornecedores com grande poder de barganha – São empresas fornecedoras com grande poder, seja por disporem de um produto exclusivo no mercado, seja por terem influência operacional ou política. Esses fornecedores também devem ser tratados com a atenção oferecida aos melhores clientes, pois o vínculo com tais empreendimentos é fundamental para que as empresas que deles dependem garantam seus resultados.

- Fornecedores em geral – Mesmo não tendo a mesma importância comercial que os fornecedores com grande poder de barganha, os demais fornecedores também podem tornar-se parceiros no futuro ou ainda grandes organizações com forte poder comercial. Por isso, é importante sempre manter relações profissionais adequadas, visando a bons frutos no futuro.

Considerando esses diversos tipos de clientes, vamos extrapolar o cenário: como uma empresa pode pensar em atender ao cliente que adquire seus produtos se tem funcionários desmotivados e que falam mal da organização, a qual, por sua vez, caracteriza-se por uma altíssima taxa de rotatividade, problema que demanda treinamento constante de funcionários e, consequentemente, uma mudança no foco dos interesses da companhia? Isso sem falar nas expectativas dos acionistas: seu interesse consiste basicamente nos resultados financeiros da empresa para que possam continuar investindo seu tempo e dinheiro nela, caso contrário, procurarão outros negócios nos quais investir, deixando os clientes sem produtos ou serviços. E o que dizer ainda sobre os fornecedores e os distribuidores? Por meio dessa reflexão, podemos perceber que a organização lida com vários clientes ou grupos de interesse, os quais as estratégias devem atender e satisfazer. Na língua inglesa, encontramos um termo específico para identificar esses grupos de interesse: são os chamados *stakeholders*.

Segundo Bezerra (2014),

> *o termo stakeholder foi criado pelo filósofo Robert Edward Freeman. Ele foi cunhado em 1963 em um memorando interno do Stanford Research Institute e se referia à "grupos que sem seu apoio a organização deixaria de existir" [sic]. Para Freeman, o termo stakeholder possui um sentido amplo e outro mais estrito. O primeiro faz referência a todo grupo ou indivíduo que influencia ou é influenciado pelo alcance dos objetivos da organização. E no sentido mais estrito, se refere a indivíduos ou grupos que a organização depende para sobreviver. O objetivo subjacente que define tal agente stakeholder é ser aquele que entrega algum valor a uma pessoa ou organização, mesmo que não seja o único ou principal interessado no negócio.*

Identificar os *stakeholders* e suas necessidades é uma ação fundamental para a elaboração da estratégia organizacional de qualquer empresa. No Quadro 1.4, apresentamos algumas das principais definições de *stakeholders*, citadas diretamente pelos autores referenciados.

QUADRO 1.4 – Definições de *stakeholder*

Autor	Conceito de *stakeholder*
Freeman e Reed (1983)	Aqueles grupos dos quais a organização é dependente para sua sobrevivência continuada.
Freeman (1988)	Qualquer grupo ou indivíduo que pode afetar ou ser afetado pela conquista dos objetivos de uma empresa. Por exemplo: acionistas, credores, gerentes, empregados, consumidores, fornecedores, comunidade local e o público em geral.
Alkhafaji (1989)	Grupos pelos quais a corporação é responsável.
Thompson, Wartick e Smith (1991)	Grupos que tenham relações com a organização.
Bowditch e Buono (1992)	Grupos ou pessoas identificáveis, dos quais a empresa depende para sobreviver: acionistas, funcionários, clientes, fornecedores e entidades governamentais.
Clarkson (1994)	Suportadores de risco voluntários.

Fonte: Quadros et al., 2003, citados por Mazzali; Schleder; Pedreira, 2013.

Existe um modelo para analisar os *stakeholders* de uma empresa, denominado *modelo stakeholder salience*, que considera três tributos fundamentais para esse grupo de pessoas: PODER, LEGITIMIDADE e URGÊNCIA.

> O poder pode ser entendido como uma habilidade que um grupo ou pessoa tem para direcionar os objetivos perseguidos pela organização. A legitimidade refere-se à percepção que as pessoas têm da coerência entre o que a empresa se propõe a realizar e o que realmente acontece, procurando atender aos valores, às normas e à cultura organizacionais. A urgência, por sua vez, deve ser considerada a partir do ponto de vista do *stakeholder* para a tomada de decisões.

FIGURA 1.3 – Modelo *stakeholder salience*

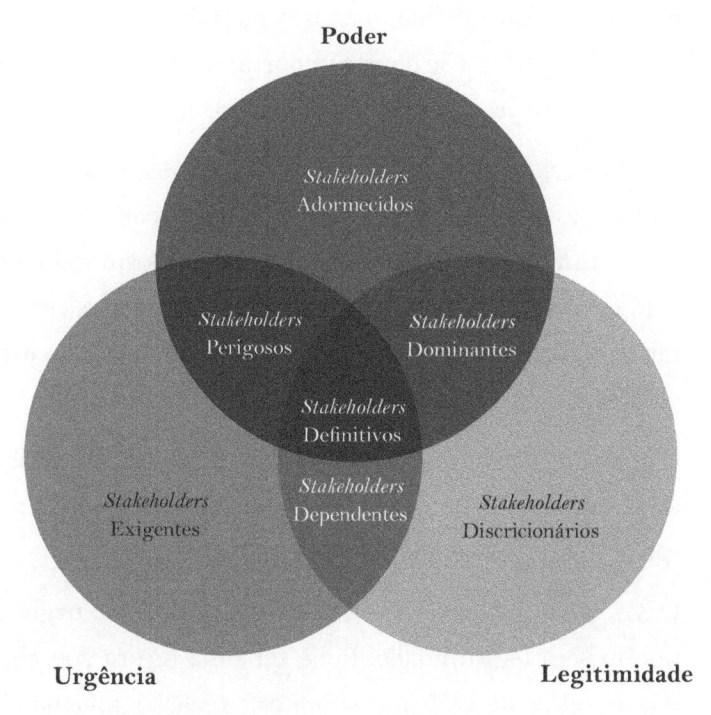

Poder

Stakeholders Adormecidos

Stakeholders Perigosos

Stakeholders Dominantes

Stakeholders Definitivos

Stakeholders Exigentes

Stakeholders Dependentes

Stakeholders Discricionários

Urgência　　　　　　　　　　　Legitimidade

Fonte: Adaptado de Bezerra, 2014.

Na Figura 1.3 podemos ver os três atributos dos *stakeholders* e alguns modelos previstos em cada conjunto: os mais internos são aqueles que dispõem de mais de um atributo. Vamos analisar cada um desses *stakeholders*, de acordo com as definições de Mitchell, Agle e Wood (1997):

- O STAKEHOLDER ADORMECIDO, ou LATENTE, é aquele que tem poder para impor sua vontade à organização, porém não tem os atributos de legitimidade e urgência. Por esse motivo, não é muito considerado pelas empresas, visto que seu poder não tem grande relevância pela ausência dos outros dois atributos; porém, é importante que seja monitorado.

- O STAKEHOLDER DISCRICIONÁRIO, ou ARBITRÁRIO, é aquele que apresenta legitimidade, mas não dispõe dos atributos de urgência e poder. Ele é mais importante para a empresa no que se refere às ações de responsabilidade social.

- O STAKEHOLDER EXIGENTE, ou REIVINDICADOR, é aquele que tem como atributo principal a urgência, mas não dispõe de legitimidade ou poder. Assim como o adormecido, também deve ser monitorado, pois pode, futuramente, conquistar mais um atributo e, então, ser muito relevante para a empresa.

- O STAKEHOLDER DOMINANTE é aquele grupo ou pessoa que apresenta tanto poder quanto legitimidade. Ele espera muita atenção por parte da organização e deve recebê-la.

- O STAKEHOLDER PERIGOSO é aquele com poder e urgência, porém sem legitimidade. Pode ser uma figura coercitiva e possivelmente violenta para a organização, podendo ser muito perigoso.

- O STAKEHOLDER DEPENDENTE é o grupo ou pessoa que tem legitimidade e urgência, porém nenhum poder. Muitas vezes depende de outros *stakeholders* com este último atributo para que suas reivindicações sejam atendidas pela empresa.

- O STAKEHOLDER DEFINITIVO é aquele que goza dos três atributos. Por isso, praticamente se configura como definitivo, devendo ser atendido em suas necessidades com prioridade máxima.

Entendidos cada um dos tipos de *stakeholders* e seus principais atributos, cabe a seguinte questão: como eles podem ser utilizados para desenvolver uma boa análise estratégica? Torres et al. (2013) nos trazem algumas propostas:

- Como apoio à definição das diretrizes estratégicas. A referência aos *stakeholders* é frequentemente incluída na descrição da missão, da visão e dos valores das empresas.

- Como referência para a definição de um modelo sistêmico da organização baseado em macroprocessos, ou seja, é possível definir atividades que atendam aos resultados esperados pelos grupos de interesse atuais e futuros. A organização das atividades organizacionais por afinidade permite o estabelecimento de macroprocessos da organização. A determinação de um modelo sistêmico mais amplo e completo pode contribuir para a análise e o diagnóstico do ambiente interno.

- Como referência para a definição de indicadores financeiros, operacionais, de mercado e de desenvolvimento organizacional. Com base no conhecimento e definição dos *stakeholders*, é possível identificar métricas a serem acompanhadas pelos gestores da empresa e garantir seu alinhamento estratégico.

Vamos, então, avaliar quem são os principais clientes com os quais a empresa fictícia O que Há de Mais Doce deve se preocupar a fim de atender de maneira eficiente, para que possa superar as expectativas e ser uma empresa bem lembrada por todos na hora de comprar doces?

> Os principais clientes finais da O que Há de Mais Doce são pessoas de todas as idades, classes sociais, bem como de todos os gêneros e nacionalidades. São clientes intermediários os mercados de todos os tamanhos: cantinas de escolas, postos de gasolina, panificadoras e pequenos revendedores de doces. Os principais fornecedores da organização são grandes fabricantes de chocolates, considerados fornecedores com grande poder de barganha, como Nestlé, Arcor, Modeléz e Ferrero. Ainda temos os donos da empresa, os funcionários, os parceiros e outros fornecedores que são grupos de pessoas ou *stakeholders* importantíssimos para o empreendimento. Você saberia identificar na empresa em que atua quem são esses clientes?

O entendimento da importância de cada um dos elementos da estratégia da organização é primordial para o nosso estudo, pois é preciso compreender essa estrutura para que seja possível desenvolver a estratégia. Na sequência, trataremos das análises interna e externa da empresa, de modo a situá-la no âmbito econômico e no mercado que a envolve.

1.4
Análise ambiental: interna e externa

Como já ficou evidenciado, a elaboração de uma estratégia não é uma tarefa simples nem de curto prazo, porém é necessária para todas as organizações, de pequeno ou grande porte, com ou sem fins lucrativos, públicas ou privadas – todas as empresas devem compreender quem são e aonde querem chegar e, para isso, precisam desenvolver seus planejamentos e ações de forma que possam melhorar suas atividades e seus produtos e serviços.

De acordo com Kotler (1996), a análise do ambiente constitui uma das principais etapas da administração estratégica, possibilitando a identificação dos riscos e das oportunidades para os empreendimentos. Segundo o autor, muitas empresas não consideram mudanças ambientais como oportunidades de negócios ou mesmo as ignoram até ser tarde demais.

Podemos classificar o ambiente da empresa em MACROAMBIENTE, ou o AMBIENTE GERAL no qual a empresa atua, e MICROAMBIENTE, ou o AMBIENTE OPERACIONAL, que é formado por elementos mais próximos da organização, como seus clientes, fornecedores e concorrentes. O macroambiente também abrange outras empresas e a sociedade, que, muitas vezes, não estão relacionadas diretamente com a organização, mas podem causar alguma mudança do cenário em que a empresa atua. As organizações devem se adaptar às mudanças do ambiente ou não sobreviverão.

FIGURA 1.4 – Ambientes da organização

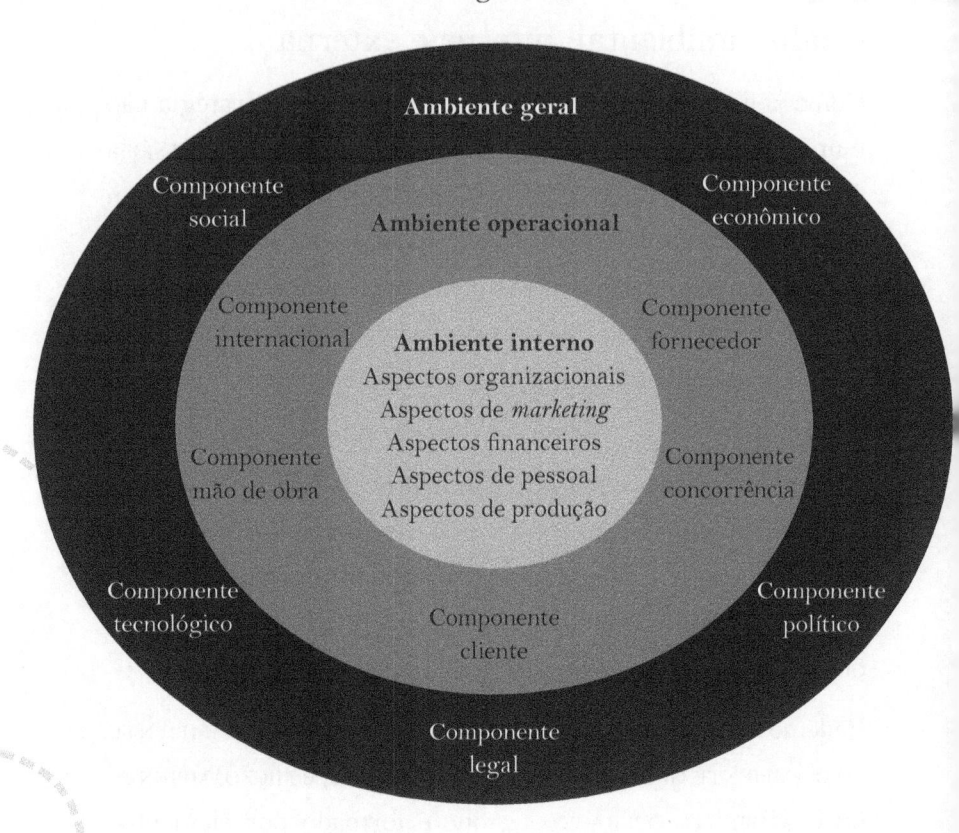

Ambiente geral
- Componente social
- Componente econômico
- Componente internacional
- Componente fornecedor
- Componente mão de obra
- Componente concorrência
- Componente tecnológico
- Componente político
- Componente cliente
- Componente legal

Ambiente operacional

Ambiente interno
- Aspectos organizacionais
- Aspectos de *marketing*
- Aspectos financeiros
- Aspectos de pessoal
- Aspectos de produção

Fonte: Adaptado de Certo; Peter, 2005, p. 26.

Vamos analisar cada uma das divisões mostradas na Figura 1.4? No macroambiente, a empresa não tem a possibilidade de exercer qualquer tipo de controle, pois se trata de um nível de influência do qual a maioria das organizações não usufrui, exceto grandes empresas ou cartéis que, por meio de *lobbies* ou alguma grande descoberta tecnológica, possam exercer alguma mudança em todo o mercado em que estão inseridos. No entanto, de maneira geral, as organizações devem se adaptar a essas mudanças impostas de cima para baixo. Os elementos que compõem o ambiente geral podem ser assim descritos:

- ELEMENTOS SOCIOCULTURAIS – São mudanças que ocorrem na sociedade e na cultura de determinada região que influenciam a empresa por meio da demanda por seus produtos e serviços. Cada sociedade tem um sistema cultural próprio que compreende crenças e valores que podem interferir no consumo de determinado produto ou serviço. Assim, a organização deve se adaptar para procurar atender às expectativas da sociedade na qual atua. Como exemplo podemos citar as roupas de banho. Em alguns países, os trajes de banho têm tamanhos maiores que os vendidos no Brasil, e a empresa que os fabrica deve considerar essas diferenças para poder atender à demanda se quiser exportar para outros lugares.

- ELEMENTOS ECONÔMICOS – São as forças que provêm de mudanças econômicas como inflação, elevação de impostos, taxa de desemprego e alterações no Produto Interno Bruto (PIB). Essas mudanças podem se configurar como problemas ou vantagens para as empresas; quando a economia está em crescimento, deve-se aproveitar as oportunidades para alavancar as vendas ou, ainda, utilizar a redução temporária de alguma taxa ou imposto para conquistar mais clientes. Por exemplo: quando o governo anuncia a redução do Imposto sobre Produtos Industrializados (IPI) para os carros, surge uma enxurrada de propagandas anunciando que o "desconto" é temporário, e muitos clientes correm para trocar seus automóveis. Porém, o oposto também é verdadeiro: quando estamos em recesso, que, por sua vez, vem acompanhado de uma diminuição dos postos de trabalho, a demanda diminui; nesse caso, as empresas precisam ficar atentas para não ter maiores prejuízos. Mesmo não sendo controlados pela organização, os administradores devem monitorar constantemente os indicadores econômicos para saber tirar vantagens ou reduzir problemas.

- ELEMENTOS POLÍTICOS E LEGAIS – São as leis e os atos regulatórios do governo que exercem forte influência nas organizações. As legislações federal e estadual afetam salários, impostos, taxas e outras contribuições que as empresas pagam. Assim como outros elementos, as forças políticas e legais podem ser benéficas ou restritivas para as organizações. Por exemplo: leis que controlam a emissão de poluentes fazem com que surjam empresas que desejam atuar nesse nicho, ajudando aquelas que precisam rever seus padrões de produção para se ajustarem às novas regras. As leis, em geral, fazem com que as organizações melhorem seus produtos e serviços prestados ao consumidor e determinam que certos padrões sejam atendidos, o que aumenta a competitividade e a qualidade dos empreendimentos.

- ELEMENTOS TECNOLÓGICOS – Mudanças tecnológicas provocam nas empresas alterações nas técnicas de produção, nas características de produtos e serviços, entre outras. As organizações devem estar atentas às mudanças de ordem tecnológica para que não incorram em defasagem, devendo sempre que possível incorporar novos elementos, ou até desenvolvê-los, como muitas grandes corporações fazem. A constante atualização é um grande desafio para as empresas de pequeno e médio porte, que muitas vezes não conseguem acompanhar a rapidez das mudanças em virtude da falta de recursos para investimentos. Por isso, é fundamental que empreendimentos desse porte consolidem uma provisão e verifiquem quais são as alterações tecnológicas mais importantes para seus negócios.

- ELEMENTOS INTERNACIONAIS — São forças que interferem na organização quando esta trabalha com fornecedores ou clientes de outros países ou, ainda, quando tem um concorrente significativo de outra nacionalidade, pois mudanças que ocorrem em outros países também alteram seu negócio. Esse cenário compõe cada vez mais a realidade das empresas, que devem, por isso, procurar monitorar os países onde atuam ou com os quais comercializam para que não sejam surpreendidas por mudanças econômicas, políticas, tecnológicas etc.

O microambiente também sofre influências do entorno da empresa. São diversos os elementos que estão presentes e que influem nas atividades das organizações de maneira positiva ou negativa. Enquanto o ambiente geral influencia todas as empresas de forma ampla, o específico está diretamente relacionado àquilo que a empresa desenvolve. Para entender esse cenário, podemos utilizar as forças que se aplicam ao modelo das cinco forças de Porter, que veremos em capítulos futuros mais detalhadamente:

- ameaça de novos concorrentes;
- rivalidade dos concorrentes existentes;
- ameaça de produtos e serviços substitutos;
- poder de compra dos clientes;
- poder de negociação dos fornecedores.

Esse modelo descreve o funcionamento básico do ambiente operacional, pois está diretamente ligado à influência de clientes, fornecedores e concorrentes, que atuam nas mudanças da organização. Além desses *players*, para o estudo desse ambiente, é necessário considerar ainda o ciclo de vida do setor, o tamanho, a taxa de crescimento do mercado e a atratividade do setor, bem como realizar uma análise estratégica da concorrência. Vamos, então, adentrar um pouco mais nos elementos que atuam nesse cenário:

- CLIENTES – São as pessoas e as empresas que adquirem os produtos/serviços da organização. O cliente tem um forte poder de mudança e exigência em relação às empresas, fazendo com que definam metas e muitas vezes moldem seus produtos e serviços para atender adequadamente a esse cenário, pois conhecem a fragilidade da competição envolvida. Para que as organizações possam atender e se antecipar às necessidades desses clientes, muitas utilizam pesquisas para conhecer e compreender as necessidades e preferências de seus consumidores.

- FORNECEDORES – São as empresas que fornecem todos os tipos de produtos e serviços, que podem ser diretos ou indiretos, para a produção e comercialização de bens e serviços. Por exemplo: energia elétrica e água não são necessariamente componentes diretos de algum produto, porém são necessários para a produção; assim, seus fornecedores também são elementos que constituem o microambiente da organização. Já o grupo chamado *matéria-prima* diz respeito a insumos que compõem diretamente o produto e, por isso, devem ser muito bem inspecionados com relação à quantidade e à qualidade, pois podem alterar o resultado final. As empresas devem ter boas relações com fornecedores, principalmente aqueles com alto poder de barganha, para que possam minimizar problemas de fornecimento e, assim, alterar sua operação.

- CONCORRENTES – São empresas que produzem ou comercializam produtos ou serviços semelhantes ou que podem eventualmente substituí-lo. No ambiente operacional, as empresas devem ficar muito atentas às mudanças que ocorrem com os concorrentes, pois elas afetam diretamente a venda dos produtos, podendo se tornar uma vantagem competitiva, quando seu produto tem mais valor agregado, ou uma grande desvantagem, quando o cliente opta pelo concorrente. Como vimos anteriormente, a organização deve estar atenta aos produtos e às empresas que ainda não fazem parte desse ambiente, ou seja, os novos entrantes; muitas vezes, a instituição se vê limitada e presa àquilo que já está em funcionamento, esquecendo-se de que empresas atentas ao mesmo mercado e a uma nova oportunidade podem surgir.

- MÃO DE OBRA – É um fator muito importante a ser considerado na análise do ambiente, pois muitas vezes não existe mão de obra capacitada para atuar na empresa ou, se existe, é cara demais, problema que pode inviabilizar um negócio. No primeiro caso, as empresas podem investir em treinamento e capacitação de pessoal, mas essa opção requer tempo e dinheiro. Já o segundo caso pode realmente representar prejuízo para a organização, que tem de pensar em um novo lugar para se instalar, no qual os salários possam ser condizentes com os valores que ela tem condições de pagar. Em virtude dessa necessidade, muitas empresas se instalam em países em desenvolvimento, para que possam reduzir seus custos com mão de obra.

- **PARCEIROS ESTRATÉGICOS** – São empresas que se unem na forma de parcerias, ou *joint ventures*, para que possam ter vantagens em seus processos de produção, venda ou distribuição de produtos. Muitas vezes, uma única organização não tem poder suficiente para atuar em determinado mercado ou expandir suas operações; nesse caso, ao se aliar a um parceiro estratégico, o empreendimento obtém forças para crescer e conquistar outros nichos.

O ambiente operacional pode ser classificado, segundo Silva (2005), como consta no Quadro 1.5.

QUADRO 1.5 – Tipos básicos de tarefas em função dos fatores e condições no ambiente

		Fatores no ambiente	
ORGANIZAÇÕES	Complexas	Numerosos. Não similares uns aos outros. Basicamente os mesmos ao longo do tempo. Ex.: empresas de produtos de alimentação básica.	Numerosos. Não similares uns aos outros. Continuamente mutantes. Ex.: empresas de produção de computadores.
	Simples	Poucos. Muito similares uns aos outros. Basicamente os mesmos ao longo do tempo. Ex.: distribuidores de refrigerantes.	Poucos. Um pouco similares uns aos outros. Continuamente mutantes. Ex.: mercado de comida rápida.
		Estável	Mutante
		AMBIENTE	

Fonte: Silva, 2005, p. 59.

Além de ser necessário considerar como é o ambiente e as empresas que nele atuam de maneira diferenciada, existe uma abordagem, denominada *teoria institucional*, que defende a ideia de que o ambiente compele as empresas a se imitarem, fazendo suas ações convergirem, o que caracteriza aquilo que se chama de *isomorfismo* (*iso* = igual; *morfo* = forma; *ismo* = ciência). O isomorfismo pode ser classificado em três categorias:

- COERCITIVO – É aquele que ocorre mediante pressões legais, como as que o governo exerce para que as instituições financeiras ofereçam produtos semelhantes na área de previdência.

- MIMÉTICO – É aquele em que as próprias organizações buscam copiar modelos, produtos e serviços de empresas cuja atuação é considerada bem-sucedida.

- NORMATIVO – É aquele que é derivado de bons exemplos de ações administrativas, como no caso de empresas que investem em reengenharia ou que implantam programas de qualidade, como a ISO 9000.

> Dentro dos ambientes que verificamos anteriormente, temos a organização, que é formada por subsistemas, como os departamentos e áreas operacionais (*Marketing*, Produção, Compras, Vendas, Administração de Pessoal, entre outros). Todos esses setores devem estar relacionados às mudanças que ocorrem externamente, pois são alterados pelos comportamentos de mercado.

O Departamento de *Marketing* deve estar atento às pesquisas feitas com consumidores, ao comportamento da concorrência e às mudanças do cenário internacional que estão se desenrolando, de modo a passar essas informações aos setores internos, como Produção e Pesquisa e Desenvolvimento, para que essas áreas organizacionais possam se adaptar e fazer os ajustes necessários com vistas ao atendimento da demanda.

O Departamento de Compras deve conhecer bem seus fornecedores e negociar da melhor maneira possível, a fim de adquirir os melhores insumos, que, muitas vezes, foram estipulados pelo Departamento de Produção, o qual deve estar ciente do orçamento disponível, que não deve exceder o informado pelo Departamento Financeiro.

O Departamento de Recursos Humanos, por sua vez, deve recrutar, treinar, capacitar e desenvolver os colaboradores para atuarem da melhor maneira possível na empresa, enquanto o Departamento de Vendas deve ficar atento não só à distribuição dos produtos a novos pontos que possam aumentar as vendas, mas também aos concorrentes que vendem produtos similares, para que possam conquistar novos mercados e se destacar dos demais.

Com essas considerações, podemos identificar os principais elementos a serem analisados para a formulação de uma estratégia organizacional. Demonstramos, inicialmente, como se desenvolvem os objetivos e as metas organizacionais e, em seguida, descrevemos os conceitos de *missão*, *visão* e *valores* de uma empresa e como eles devem estar presentes não apenas nas paredes da organização, mas na realidade do empreendimento e de todos os colaboradores. Também tratamos dos clientes e dos *stakeholders* de uma empresa e, por fim, do ambiente em que os negócios se inserem. A compreensão desses conceitos permite o desenvolvimento de novas estratégias para as organizações. Muitos dos elementos examinados neste primeiro capítulo servirão para nos ajudar a avançar na sequência deste livro e também em nossos estudos sobre as organizações. No capítulo seguinte, abordaremos a formulação e o desenvolvimento da estrutura do pensamento estratégico.

Estudo de caso

Para refletirmos sobre os conceitos apresentados neste capítulo, apresentamos a fábula intitulada "Os Cegos e o Elefante", de John Godfrey Saxe, publicada no primeiro capítulo da obra *Safári de estratégia*. Depois de lê-la, reflita sobre o fato de que nós podemos ser representados pelos Cegos da fábula, enquanto a estratégia é o Elefante!

Os Cegos e o Elefante
por John Sodfrey (1816-1887)
Eram seis homens do Hindustão
Desejosos de muito aprender,
Que foram ver o Elefante
(Embora todos fossem cegos)
Cada um, por observação,
Poderia sua mente satisfazer.

O Primeiro aproximou-se do Elefante,
E aconteceu de chocar-se
Contra seu lado amplo e forte
Imediatamente começou a gritar:
"Valha-me Deus, mas o Elefante
É como uma parede".

O Segundo, pegando na presa,
Gritou: "Oh! O que temos aqui
Tão redondo, liso e pontiagudo?
Para mim isto é muito claro
Esta maravilha de Elefante
É como uma lança!"

O Terceiro aproximou-se do animal
E aconteceu de pegar
A sinuosa tromba com suas mãos.
Assim, falou em voz alta:
"Vejo", disse ele, "o Elefante
É muito parecido com uma cobra!"

O Quarto esticou a mão, ansioso
E apalpou em torno do joelho.
"Com o que este maravilhoso animal
Se parece é muito fácil", disse ele:
"Está bem claro que o Elefante
É muito semelhante a uma árvore!"

O Quinto, por acaso, tocou a orelha,
E disse: "Até um cego
Pode dizer com o que ele se parece:
Negue quem puder,
Esta maravilha de Elefante
É muito parecido com um leque!"

O Sexto, mal havia começado
A apalpar o animal,
Pegou na cauda que balançava
Que veio ao seu alcance.
"Vejo", disse ele, "o Elefante
É muito semelhante a uma corda!"

E assim esses homens do Hindustão
Discutiram por muito tempo,
Cada um com sua opinião,
Excessivamente rígida e forte.
Embora cada um estivesse, em parte, certo,
Todos estavam errados!

Moral
Com frequência em guerras teológicas,
Os disputantes, suponho,
Prosseguem em total ignorância
Daquilo que cada um dos outros quer dizer,
E discutem sobre um Elefante
Que nenhum deles viu!

Fonte: Adaptado de Mintzberg, Ahlstrand e Lampel, 2010, p. 18-19.

Na fábula, cada um conhece sua "verdade" e quer que todos acreditem nela, porém sem aceitar que os demais também tenham seus pontos de vista. Nas organizações, conflitos entre as partes interessadas na estratégia são constantes justamente por essa "cegueira", que limita o entendimento da visão dos envolvidos, os quais podem ser *stakeholders*, fornecedores, clientes, outros departamentos etc. Com base nesse problema, responda às seguintes perguntas:

1. Como a diretoria de uma organização, ou mesmo o responsável pela administração estratégica, pode conduzir seus departamentos e áreas de modo que não tenham uma visão limitada do negócio?

2. Em empresas que contam com mais de uma filial, podem existir conflitos entre unidades para mostrar qual é a líder do negócio, o que também pode ser considerado uma "cegueira", pois o empreendimento não é formado de unidades autônomas, mas por uma grande organização. Como fazer para que essas filiais não disputem entre si, assumindo uma postura que muitas vezes faz com que o negócio se torne concorrente dele mesmo?

Síntese

Neste primeiro capítulo, apresentamos os principais conceitos introdutórios relativos à administração estratégica, destacando a missão, a visão, os objetivos e os valores organizacionais. Também demonstramos as características dos clientes e dos *stakeholders*, *players* para os quais a organização deve trazer resultados e apresentar planos para o futuro. Outro ponto fundamental que abordamos refere-se à análise ambiental da organização, cuja função é a verificação de concorrentes, fornecedores, clientes e outros envolvidos no cenário em que a empresa atua.

Questões para revisão

1. Qual é a importância da elaboração correta de uma missão para a empresa?

2. Os objetivos têm como princípio reforçar as competências essenciais da organização perante os fatores críticos de sucesso. De que maneira os objetivos podem ser classificados e aplicados para cumprir seu propósito nas organizações?

3. Quais são os elementos que compõem o microambiente de uma empresa?

    a. Fornecedores, clientes e elementos tecnológicos.

    b. Elementos políticos, econômicos e sociais.

    c. Clientes, parceiros, concorrentes e fornecedores.

    d. Departamento de *Marketing*, Recursos Humanos, Financeiro e Produção.

4. Como se caracterizam *stakeholders* que apresentam exclusivamente um único atributo (de poder, legitimidade ou urgência)?

    a. Adormecidos, discricionários e exigentes.

    b. Perigosos, dominantes e adormecidos.

    c. Dependentes, definitivos e dominantes.

    d. Discricionários, perigosos e definitivos.

5. É fundamental que a empresa atenda bem aos seus clientes e busque alinhar a estratégia para destacar benefícios e vantagens competitivas a fim de se relacionar com os consumidores da maneira mais próxima possível. Assim, quais são os principais tipos de clientes?

   a. Clientes de oportunidade, fixos e variáveis.

   b. Clientes finais, intermediários, proprietários e organizacionais.

   c. Clientes finais, sazonais e atípicos.

   d. Clientes organizacionais, consumidores e ocasionais.

Questão para reflexão

1. A missão da Caixa Econômica Federal é "Atuar na promoção da cidadania e do desenvolvimento sustentável do País, como instituição financeira, agente de políticas públicas e parceira estratégica do Estado brasileiro" (Caixa, 2016). Você teria outra ideia de elaboração de missão para esse banco, levando em consideração a importância econômica e social que a instituição representa? Que elementos poderiam complementar essa frase?

Para saber mais

Caso você queira se aprofundar nos princípios da estratégia, considere as quatro indicações a seguir.

Filmes

A FUGA das galinhas. Direção: Peter Lord; Nick Park. Produção: DreamWorks Animation; Pathé; Aardman Animations. EUA: Universal Home Video, 2000. 84 min.

OS PINGUINS de Madagascar. Direção: Eric Darnell; Simon J. Smith. Produção: DreamWorks Animation; Pacific Data Images. EUA: Twentieth Century Fox, 2014. 92 min.

Livros

MAQUIAVEL, N. **O príncipe**. 8. ed. São Paulo: L&PM, 1998.

MUSASHI, M. **O livro dos cinco anéis**. 1. ed. São Paulo: Conrad, 2006.

TZU, S. **A arte da guerra**. 38. ed. Rio de Janeiro: Record, 2002.

Obs.: para facilitar seu aprofundamento no estudo sobre estratégia, essas três obras podem ser encontradas reunidas no boxe denominado *O essencial da estratégia*, publicado em 2012 pela Editora Hunter Books.

MINTZBERG, H.; AHLSTRAND, B.; LAMPEL, J. **Safári de estratégia**: um roteiro pela selva do planejamento estratégico. 2. ed. São Paulo: Bookman, 2010.

Análise organizacional

capítulo 2

Conteúdos do capítulo:

- Funcionamento das organizações.
- Cadeia de valor.
- Competências organizacionais.
- Análise Swot.
- Gestão do conhecimento.

Após o estudo deste capítulo, você será capaz de:

1. realizar análises das áreas funcionais de uma empresa e sua relação com a estratégia;
2. compreender qual é a função da cadeia de valor em uma organização e no ambiente;
3. diagnosticar quais são as competências essenciais de uma organização;
4. aplicar a análise Swot para conhecer pontos fortes e fracos da empresa e oportunidades e ameaças do ambiente;
5. realizar uma boa gestão do conhecimento para que a empresa possa manter suas informações de maneira segura, porém acessível.

Podemos identificar as atividades exercidas na empresa como pertecentes ao chamado *ambiente interno*, definido por Certo e Peter (1993) como aquele que se refere ao que está dentro da organização, tendo, assim, uma implicação muito mais urgente e específica na gestão das organizações.

Para Ansoff (1977), a estratégia enfatiza a análise racional ao traduzir as necessidades da alta direção da empresa, transformando os objetivos em ferramentas essenciais na orientação, na avaliação de desempenho e na consecução dos propósitos organizacionais, que devem ser coerentes com o "perfil de potencialidades" do empreendimento. O pensamento de Ansoff (1977) se refere ao gerenciamento estratégico voltado à definição de diretrizes específicas para o gerenciamento, assumindo um caráter prescritivo. Alguns anos mais tarde, o autor propôs uma evolução desse pensamento, considerando a estratégia não mais como apenas um resultado da atividade de planejamento, mas como uma atitude geral na gestão da empresa.

Nesse caso, como é possível organizar a empresa de modo que ela possa desenvolver uma estratégia que seja reflexo de suas ações constantes, com conhecimento interno de suas potencialidades e limitações e com a compreensão do ambiente externo, vislumbrando-se oportunidades e ameaças constantes de mudanças de cenários? Devemos compreender que as organizações precisam encarar alguns desafios de gestão para que possam ser desenvolvidas e aprimoradas em seu processo de entendimento, para, então, pôr em prática sua estratégia e sua respectiva avaliação. Silva (2005) elencou cinco desafios para as empresas que queiram ter bons resultados no mercado:

1. **ADMINISTRAÇÃO DAS ORGANIZAÇÕES EM UM AMBIENTE GLOBAL** – É impossível na atualidade não considerar negociações internacionais, seja com clientes, seja com fornecedores, seja até mesmo com concorrentes estrangeiros. Essa necessidade não é mais "privilégio" de grandes empresas, já que organizações de pequeno porte também precisam administrar seus negócios pensando em um ambiente global.

2. **PROJETO E ESTRUTURAÇÃO OU REESTRUTURAÇÃO DAS ATIVIDADES ORGANIZACIONAIS** – Os antigos modelos de gestão, com grandes estruturas de níveis hierárquicos, devem ser repensados. Atualmente, as empresas devem enxugar suas estruturas e reduzir ao máximo os níveis de atuação, de maneira a se tornarem mais dinâmicas e eficientes.

3. **MELHORIA DA QUALIDADE E DA COMPETITIVIDADE E *EMPOWERMENT*** – Todos os empreendimentos devem estar voltados à implementação de qualidade total, pois essa ferramenta já não é mais um simples diferencial, e, sim, uma necessidade para aquelas organizações que quiserem manter-se competitivas no mercado global. Outra ferramenta imprescindível para a manutenção e elevação da competitividade é o *empowerment*, ou seja, o empoderamento dos empregados, que são investidos de autonomia, maior envolvimento e participação nas decisões de suas competências.

4. **AUMENTO DA COMPLEXIDADE, AUMENTO DA VELOCIDADE E REAÇÃO ÀS MUDANÇAS AMBIENTAIS** – Parece que as mudanças ocorrem de forma cada vez mais veloz: são novos computadores e *softwares* que aparecem constantemente, deixando empresas

obsoletas em um piscar de olhos. Além das inovações tecnológicas, também temos ferramentas como o *Just In Time* (JIT) e os *Computerized Integrated Manufacturing Systems* (CIMSs) ou Sistemas Computadorizados de Manufatura Integrada, que se utilizam de informações de forma cada vez mais rápida, não dando espaço para atrasos e desperdício de produtos e tempo.

5. ADMINISTRAÇÃO ÉTICA E MORAL DAS ORGANIZAÇÕES – A presença de princípios éticos e morais nas empresas é uma exigência cada vez mais forte, seja por parte dos clientes do empreendimento, seja por parte da sociedade em seu entorno. Esses valores devem fazer parte da cultura dos negócios, desde o chão de fábrica até o topo da hierarquia.

Essa análise organizacional deve ser elaborada pelas organizações, independentemente de sua natureza e porte. É fundamental que os empreendimentos realizem uma avaliação interna, verificando seus diferenciais, suas vantagens e seus pontos fracos para, em seguida, efetuar uma análise externa, comparando seu modelo, seus produtos e seus serviços com a concorrência e buscando compreender seus clientes e o mercado. Assim, é preciso iniciar a análise com o conhecimento das áreas funcionais, o que será apresentado na sequência.

2.1

Análise das áreas funcionais

Uma possibilidade de análise organizacional consiste em considerar a empresa a partir de suas áreas funcionais e, em seguida, comparar a organização estudada com os concorrentes, de modo a verificar se os procedimentos adotados na empresa em questão são eficientes, o que é possível melhorar e seus diferenciais em relação àqueles com os quais compete no mercado. Muitos empreendimentos têm algum ponto forte em suas operações que as destaca dos concorrentes: ótimo produto, excelente atendimento, assistência técnica competente, baixo custo etc. São diversas as categorias; o fato é que, se a organização conhecer seu ponto de destaque, poderá investir mais fortemente na projeção no nicho em que atua.

Na sequência, vamos analisar cada uma das funções da organização e verificar os itens a serem considerados para que uma empresa possa reforçar seus pontos positivos e minimizar suas características negativas perante os concorrentes, conforme a perspectiva de Oliveira (1996).

Função *marketing*

Durante à função *marketing*, devem ser considerados os seguintes itens:

- Satisfação dos clientes fiéis à empresa – É preciso avaliar se a empresa está atendendo às necessidades e expectativas dos consumidores por meio de uma pesquisa de mercado.
- Fidelidade dos clientes à empresa – É necessário considerar o período de compra dos produtos da empresa ao longo do tempo. Esse estudo é importante, pois existem diversas vantagens na fidelização de clientes: são mais fáceis de reter, demandam menos gastos com *marketing*, podem

pagar preços superiores, resistem em provar produtos concorrentes, entre outras.

- SITUAÇÃO FINANCEIRA DOS CLIENTES DA EMPRESA – É importante analisar esse dado, pois é preciso considerar o grau de inadimplência, caso os clientes não disponham de condição financeira estável.

- IMAGEM DA EMPRESA – Está relacionada às ações de responsabilidade social e ao relacionamento da organização com a sociedade e os colaboradores, bem como à inovação e à chamada *força da marca*, que permite ao empreendimento cobrar mais pelos produtos, vistos pelos clientes do negócio como os melhores possíveis.

- PARTICIPAÇÃO DE MERCADO DA EMPRESA – É fundamental que os responsáveis pela área de *marketing* da empresa façam comparações constantes da organização com seus concorrentes. Se a empresa tem maior participação no mercado, significa que pode ter o maior faturamento do segmento.

- LOCALIZAÇÃO E NÚMERO DE PONTOS DE VENDA – Quanto mais pontos de venda, maior é a possibilidade de aumento das vendas. No entanto, não podemos nos esquecer de que, nesse caso, também é maior o custo com aluguéis e funcionários, por exemplo. Para que esses dados não sejam perdidos de vista, deve-se realizar um estudo de custo-benefício da quantidade de pontos de venda.

- LOCALIZAÇÃO E NÚMERO DE PONTOS DE ARMAZENAGEM – Com bons pontos de armazenagem, é possível garantir uma entrega mais rápida. Novamente, o fator *custos* deve ser levado em consideração, fato que exige um estudo de custo-benefício da quantidade ideal de pontos de armazenagem.

- SISTEMA DE DISTRIBUIÇÃO – Abrange desde o desenvolvimento de entregas *Just In Time* pelos fornecedores até a entrega rápida e confiável aos clientes.

- COMPETITIVIDADE EM PREÇO – Esse elemento nem sempre pressupõe preços mais baixos: se a estratégia da empresa está focalizada em diferenciação, por exemplo, um preço baixo pode indicar baixa qualidade e reduzir a margem da empresa.

- AMPLITUDE DA LINHA DE PRODUTOS/SERVIÇOS – Uma linha mais ampla pode atender mais facilmente às necessidades dos consumidores, reduzindo o risco de eles procurarem produtos concorrentes.

- PRODUTIVIDADE DA FORÇA DE VENDAS – É fundamental realizar, sempre que possível, uma comparação entre uma média de vendas por vendedor da empresa e outra levando em consideração os dados dos concorrentes, de modo a verificar qual organização consegue promover mais vendas com menos profissionais.

- INTEGRAÇÃO E RELACIONAMENTO COM OUTRAS ÁREAS DA EMPRESA – É essencial entender o *marketing* como uma unidade dentro da empresa, interligada com todas as outras áreas. Essa postura permite que a comunicação entre áreas seja mais eficiente e traga melhores resultados para todos.

- Sistemas de informação de *marketing* – É fundamental elaborar uma ferramenta eficiente de busca, análise, disseminação e uso de informações do mercado para melhorar as ações do Departamento de *Marketing*.

Função *produção*

Com relação à função *produção* ou *operações* de uma empresa, devem ser consideradas de forma mais específica as seguintes variáveis:

- Localização e número de plantas – Indica se a empresa dispõe de um posicionamento estratégico, de uma quantidade de unidades de produto ou de um tipo de serviço que seja competitivo perante os concorrentes.

- Tamanho das plantas – Uma possível estratégia direcionada a esse fator refere-se à divisão do empreendimento em pequenas plantas distribuídas em diversas regiões, podendo minimizar custos e melhorar a *performance* da entrega de produtos.

- Idade das plantas – Um diferencial empresarial refere-se ao investimento para a aquisição de máquinas, equipamentos e instalações novas, de modo a distinguir-se de concorrentes que dispõem de plantas antigas e defasadas.

- Nível de automação – Trata-se de um indicador de qualidade e produtividade. Porém, é necessário destacarmos que investimentos em automação são altos; assim, é preciso avaliar a compatibilidade do novo maquinário com o produto e a necessidade de reduzir outros custos ou aumentar o preço do produto para compensar os investimentos.

- Nível de qualidade – Consiste na utilização de técnicas, sistemas, ferramentas e filosofias de qualidade que façam com que os produtos elaborados pela empresa sejam um exemplo para seus funcionários.

- Produtividade – Além da automação, é fundamental a preocupação com treinamento e qualificação da força de trabalho e com a curva da experiência* da empresa.

- Poder de barganha em compras – Quanto maior for o volume de compras, maior será o poder de barganha e mais simples será o estabelecimento de um bom relacionamento com os fornecedores e as parcerias estratégicas.

- Confiabilidade de fornecedores – Destacamos novamente a relevância do trabalho com fornecedores parceiros, iniciativa que evita problemas relacionados à qualidade do produto, à confiabilidade na entrega etc.

- Nível adequado de estoques – O estudo de estoque deve ser encaminhado de modo que traga eficiência para a empresa, pois estoques muito altos representam dinheiro

---

* Curva da experiência: em 1966, Bruce Henderson, do Boston Consulting Group, descobriu que há uma relação entre os custos de produção e a quantidade produzida, com a hipótese de que uma empresa conseguia reduzir os custos de determinado produto enquanto aumentava sua produção.

parado, enquanto estoques muito baixos podem inviabilizar a produção, caso ocorra maior demanda em determinado período.

- DISPONIBILIDADE DE MATÉRIA-PRIMA – Enfatizamos mais uma vez a possibilidade de formação de uma logística interna, caso a empresa possa produzir alguns de seus insumos. Trata-se de uma estratégia interessante, no caso de insumos de difícil aquisição ou que sejam estratégicos para a organização.

- INTEGRAÇÃO E RELACIONAMENTO COM OUTRAS ÁREAS DA EMPRESA – É necessário sempre considerar a velocidade de resposta da produção, caso um retorno imediato seja solicitado por outras áreas, como o *marketing*.

- SISTEMA DE INFORMAÇÃO DE PRODUÇÃO/OPERAÇÕES – Esse sistema deve ser eficiente, de modo que possa fornecer informações rápidas sobre o andamento da produção para acompanhamento e tomada de decisões.

Função *recursos humanos*

Quanto à função *recursos humanos*, devem ser analisadas algumas situações dentro da empresa para se formular um diagnóstico interno e dos concorrentes com relação aos seguintes itens:

- POLÍTICAS DE RECRUTAMENTO – Uma boa imagem da empresa atrai mais profissionais capacitados.

- POLÍTICAS DE SELEÇÃO – A organização precisa utilizar de forma eficiente algumas técnicas de seleção, como entrevistas, testes e simulações, que lhe permitem selecionar as pessoas mais adequadas às funções de que dispõe.

- Treinamento – Pesquisas indicam que empresas que investem mais em treinamento apresentam melhores resultados que os da concorrência, bem como dispõem de funcionários mais participativos e motivados.

- Avaliação de desempenho – A empresa deve contar com métodos adequados de avaliação para determinar as expectativas que os funcionários têm em relação ao trabalho e à empresa, podendo melhorar a *performance* e a satisfação dos colaboradores.

- Remuneração – É importante que a organização procure proporcionar aos funcionários uma política de remuneração atrativa, que leve em consideração não apenas os mais altos salários do mercado, mas também uma atraente oferta de benefícios.

- Plano de carreira – Os funcionários devem ter plena consciência das possibilidades de progresso dentro da empresa. Tal postura faz com que eles se sintam motivados e incentivados a levar a empresa à direção desejada.

- Índice de acidentes de trabalho – Quanto menor for esse índice, mais confiável a empresa parecerá para o mercado e maior será a sensação de segurança por parte dos funcionários. Além disso, caso a organização não cumpra exigências de normas de segurança, tal escolha poderá incorrer em atraso na produção e pagamento de multas e altos encargos.

- DIRETORES COMPETENTES, LÍDERES EMPREENDEDORES E MOTIVADOS – Mesmo sendo um dado de difícil mensuração, a presença de líderes competentes e entusiastas faz com que as pessoas estejam mais sintonizadas e motivadas para o sucesso da empresa.

- GERENTES/CHEFES COMPETENTES E MOTIVADOS – Não basta que o empreendimento conte apenas com pessoas competentes da alta cúpula; gestores diretos motivados estimulam seus funcionários a trabalhar em parceria na busca do atingimento dos objetivos.

- PESSOAL COMPETENTE E MOTIVADO – As pessoas são as principais responsáveis pela realização e concretização dos objetivos e, para isso, devem ter autonomia, responsabilidade, espaço para trabalhar e motivação adequada para o cumprimento e até extrapolação daquilo que lhes é atribuído.

- TRABALHO DESENHADO DE FORMA ADEQUADA – Os administradores da organização devem determinar se o fluxo de trabalho, a divisão de tarefas e o processo são os mais adequados para que os colaboradores possam desenvolver suas atividades. Essa iniciativa, aliada muitas vezes a pequenos ajustes no processo, pode auxiliar na melhoria ou redução da *performance* dos funcionários.

- CLIMA DE TRABALHO – A motivação e um local de trabalho agradável fazem muito efeito no cotidiano dentro da empresa, aspecto transmitido facilmente para os clientes, que tendem a comprar mais.

- INTEGRAÇÃO E RELACIONAMENTO COM OUTRAS ÁREAS DA ORGANIZAÇÃO – É fundamental que todas as unidades e funções sejam integradas, para que respostas rápidas e eficientes possam ser fornecidas quando solicitado. A contratação adequada, o treinamento bem conduzido e a verificação constante das necessidades de cada uma das áreas podem auxiliar no desenvolvimento das pessoas que trabalham em diversos setores da empresa.
- SISTEMA DE INFORMAÇÃO DE RECURSOS HUMANOS – Deve ser eficiente, buscando fornecer informações rápidas e precisas para tomadas de decisão referentes à área de recursos humanos.

Função *finanças*

A função *finanças* também deve ser analisada para que a organização seja conhecida adequadamente. Os itens que devem ser investigados são os seguintes:

- LUCRATIVIDADE – A geração de lucros é um dos maiores objetivos de qualquer organização privada, pois só assim ela pode se manter competitiva no mercado.
- LIQUIDEZ – Mesmo as empresas que dispõem de grande patrimônio podem apresentar baixa liquidez, ou seja, podem se ver sem condições de uma rápida manobra em casos de necessidade de recursos.
- ENDIVIDAMENTO – Um endividamento razoável pode ser até positivo, pois permite à organização uma fonte de financiamento a um custo normalmente inferior. No entanto,

a necessidade de contração de dívidas deve ser diligentemente monitorada, para que não gere altos juros ou, ainda, a possível falência da empresa.

- Receitas/vendas – O faturamento fornece aos administradores a noção do porte da empresa com relação aos concorrentes. Além disso, oferece a possibilidade de uma comparação do desempenho histórico da empresa, por exemplo, na avaliação das vendas em determinado período.

- Custos – Dependem da estratégia da empresa e dos concorrentes. Em uma estratégia de diferencação, altos custos não são problema; em uma estratégia que leve em consideração a liderança em custos, grandes investimentos devem ser monitorados e, em caso de problemas, rapidamente revistos.

- Sistemas de custos gerenciais – Os gestores do Departamento Financeiro devem conhecer o sistema de avaliação de custos, que tem de apresentar alto grau de precisão para que possa trazer indicadores confiáveis para tomadas de decisão.

- Contabilidade fiscal atualizada e confiável – Se a área contábil não receber a atenção demandada, a empresa pode incorrer no pagamento de altos tributos, taxas e multas desnecessárias, comprometendo o negócio.

- Políticas de concessão de crédito – Podem interferir na liquidez da empresa. Por exemplo: se fornecedores exigirem pagamento à vista ou se a organização conceder muitos descontos para os clientes, esses problemas que podem requerer do empreendimento um alto grau de capitalização*.

- POLÍTICAS DE COBRANÇA – Dependem do setor e da conjuntura econômica em que a empresa opera. Por exemplo: caso o índice de inadimplência no nicho seja muito elevado, terceirizar o serviço de cobrança pode trazer melhores resultados.

- PASSIVO TRABALHISTA – Trata-se de um passivo invisível, pois muitas empresas violam as convenções trabalhistas e só descobrem irregularidades quando o funcionário é desligado e entra com uma ação trabalhista. É de fundamental importância estar atento ao cumprimento das exigências legais e de acordos sindicais.

- CAPACIDADE DE INVESTIMENTO – Relaciona-se à lucratividade e à capacidade dos sócios de aportarem dinheiro à empresa. Nesse caso, é importante a atenção dispensada à necessidade de inserção de capital constante sem nenhum retorno imediato, que pode fazer com que os sócios desistam do negócio.

- INTEGRAÇÃO E RELACIONAMENTO COM OUTRAS ÁREAS DA EMPRESA – Assim como as outras unidades destacadas anteriormente, é imprescindível a integração com todas as áreas para que decisões adequadas possam ser tomadas e problemas possam ser antecipados.

* CAPITALIZAÇÃO: termo usado para definir a ampliação do patrimônio de uma empresa com a injeção de dinheiro novo.

- Sistema de informações financeiras – O Setor Financeiro demanda um sistema mais abrangente que um contábil, que comporte informações referentes a custos e a todos os indicadores financeiros necessários à gestão da empresa.

Para uma análise adequada da empresa e de seus concorrentes, sugerimos a elaboração de um quadro no qual devem ser pontuados cada um dos itens relacionados, que devem ser verificados em uma escala que indique a posição da organização em relação às concorrentes, para que estratégias possam ser elaboradas com vistas à melhoria dos indicadores representativos para o empreendimento. Enfatizamos que é necessário avaliar como esse levantamento se comporta na cadeia de valor da organização, bem como de que forma os itens elencados podem ser destacados como uma competência essencial da empresa, o que veremos na sequência deste capítulo.

2.2
Cadeia de valor e competências essenciais

A cadeia de valor pode ser utilizada como metodologia de análise ou como ferramenta para a implantação de mudanças organizacionais. Segundo Normann e Ramírez (1993), toda organização ocupa uma posição na cadeia de valor. Na parte superior da cadeia, fornecedores entregam insumos, a empresa acrescenta valor a esses insumos e os entrega à parte inferior da cadeia, o cliente. No âmbito interior da empresa, também podemos estudar a cadeia de valor interna, para verificar como o empreendimento se comporta na separação de cada uma de suas operações.

> Como é possível analisar a organização de modo prático e ao mesmo tempo holístico, de forma a incluir todos os setores da empresa no estudo da estratégia? Porter (1985) dividiu a empresa em nove áreas ou elos, sendo cinco ATIVIDADES PRINCIPAIS – logística de entrada, manufatura, logística de saída, *marketing* e vendas – e quatro ATIVIDADES DE SUPORTE – infraestrutura, recursos humanos, pesquisa e desenvolvimento (P&D) e compras transversais à empresa.
>
> As atividades principais estão diretamente ligadas ao FLUXO DOS PRODUTOS OU SERVIÇOS ATÉ O CLIENTE, enquanto as atividades de suporte servem para APOIO ÀS ATIVIDADES PRINCIPAIS. A ideia de Porter, ao estabelecer essas áreas, é a de que a soma do valor agregado que cada um desses setores gera com uma margem estabelecida resulta no valor agregado que a empresa fornece aos seus clientes.

Na Figura 2.1, podemos visualizar como se integram essas nove áreas dentro do que Porter chama de *cadeia de valor*.

FIGURA 2.1 – Cadeia de valor

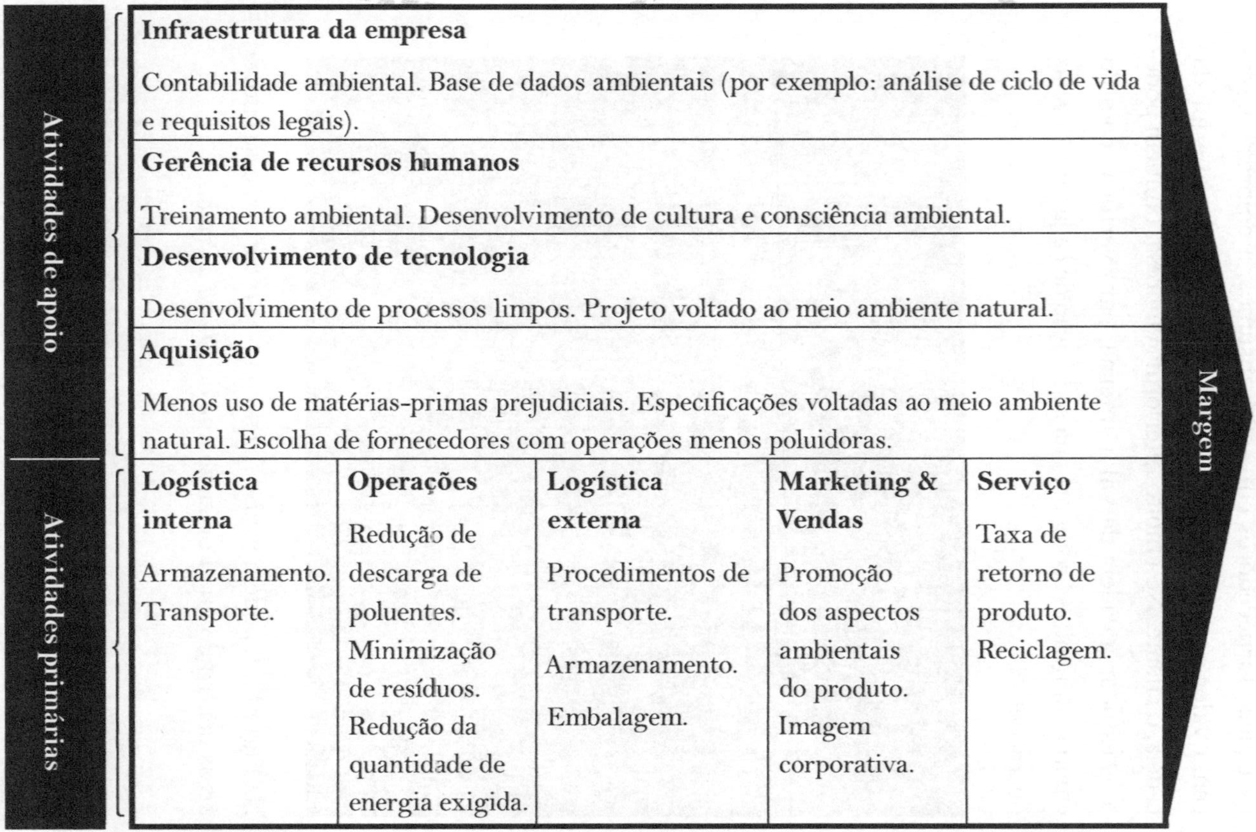

					Margem
Infraestrutura da empresa Contabilidade ambiental. Base de dados ambientais (por exemplo: análise de ciclo de vida e requisitos legais).					
Gerência de recursos humanos Treinamento ambiental. Desenvolvimento de cultura e consciência ambiental.					
Desenvolvimento de tecnologia Desenvolvimento de processos limpos. Projeto voltado ao meio ambiente natural.					
Aquisição Menos uso de matérias-primas prejudiciais. Especificações voltadas ao meio ambiente natural. Escolha de fornecedores com operações menos poluidoras.					
Logística interna	Operações	Logística externa	Marketing & Vendas	Serviço	
Armazenamento. Transporte.	Redução de descarga de poluentes. Minimização de resíduos. Redução da quantidade de energia exigida.	Procedimentos de transporte. Armazenamento. Embalagem.	Promoção dos aspectos ambientais do produto. Imagem corporativa.	Taxa de retorno de produto. Reciclagem.	

Atividades de apoio	Atividades primárias

Fonte: Adaptado de Porter, 1985, p. 85.

As atividades principais ou primárias podem ser mais bem analisadas separadamente:

- LOGÍSTICA DE ENTRADA – Constitui-se nas atividades associadas às operações de recebimento, armazenamento, controle e distribuição interna dos insumos.
- MANUFATURA – Refere-se às ações de transformação dos insumos em produto acabado para os clientes.
- LOGÍSTICA EXTERNA – Diz respeito às operações associadas à manipulação dos produtos finais destinados aos clientes, como os registros de pedidos, embalagens, armazenamento, montagem e desmontagem, manutenção e transporte até a entrega aos consumidores.
- *MARKETING* E VENDAS – São as ações de promoção dos produtos e serviços aos clientes.
- SERVIÇOS PÓS-VENDA – Consistem nas ações relacionadas às atividades de pós-venda de produtos.

Já as atividades de suporte ou secundárias são assim divididas:

- INFRAESTRUTURA DA EMPRESA – São as atividades referentes à elaboração de planos de controle contábil, financeiro, legal e de gestão em geral.
- RECURSOS HUMANOS – Consistem nas atividades relacionadas ao recrutamento e seleção de pessoas, à contratação, ao treinamento, à capacitação e ao desenvolvimento dos colaboradores.
- PESQUISA E DESENVOLVIMENTO – Referem-se a atividades de desenvolvimento de novos produtos, melhoria dos existentes e incremento dos processos internos da empresa.

- COMPRAS INSTITUCIONAIS – São ações relacionadas às operações de compra de insumos, máquinas e equipamentos utilizados na fabricação e no suporte das operações fabris.

Estruturada da forma descrita anteriormente, a cadeia de valor permite que os administradores vejam a empresa em detalhes, de maneira separada e sistemática, e que verifiquem se as áreas estão cumprindo o que lhes é planejado e a interação entre os setores, buscando aprimorar o valor agregado, seja pelo desenvolvimento de determinada ação que não está sendo colocada em prática de maneira eficiente, seja pela terceirização de funções de determinadas áreas. Algumas organizações preferem investir seus esforços em uma das áreas e terceirizar outras que não consideram tão importantes para o complexo geral do empreendimento. Por exemplo: a Nike terceirizou sua área de manufatura e concentra-se mais no desenvolvimento de ações de *marketing* e vendas (Porto, 2009).

> A importância do estudo da cadeia de valor configura-se no fato de que ela auxilia a empresa no processo de formulação de estratégias. Essa análise tem por objetivos:
>
> - detectar as oportunidades e as ameaças no ambiente;
> - identificar os pontos fortes e fracos da organização;
> - detectar oportunidades de diferenciação em relação aos concorrentes;
> - identificar os principais determinantes de custos na empresa;
> - levantar oportunidades para ações de redução de custos;
> - realizar comparação com a cadeia de valor dos concorrentes.

De acordo com Shank e Govindarajan (1993, p. 13), "a cadeia de valor para qualquer empresa, em qualquer negócio, é o conjunto interligado de todas as atividades que criam valor, desde uma fonte básica de matérias-primas, passando por fornecedores decomponentes até a entrega do produto final às mãos do consumidor". Essa definição é bastante ampla, pois se percebe que a cadeia deve estar relacionada desde o início do processo da busca das matérias-primas até a entrega do produto ao cliente. Entretanto, temos hoje uma visão mais ampliada desse conceito, pois pensamos nas ações pós-venda. Uma empresa não podemos contentar-se em entregar o produto nas mãos do cliente – deve determinar que atitude faz com que o cliente volte a adquirir seu produto/serviço e também recomende a empresa para seus círculos de amizade.

A ideia da cadeia de valor se relaciona ao conceito de *competência* quando uma empresa determina quais são suas atividades de maior força e habilidade e quais são as ações de maior fragilidade, decompondo sua cadeia de valor, e decide criar parcerias com organizações de perfil complementar ao seu (Fernandes; Berton, 2012). Portanto, as ações da cadeia de valor devem ser pensadas não apenas para os clientes, mas para os *stakeholders* da organização, pois todos devem ser beneficiados com as ações aplicadas para a melhoria de determinada área que se julga ser a competência essencial do empreendimento.

Podemos afirmar que atitudes como as descritas anteriormente podem ser chamadas de *competências essenciais*, conforme definição de Prahalad e Hamel (1995), pois, de acordo com esses autores, estas conferem à empresa uma vantagem competitiva sustentável. As organizações percebem, então, o que fazem de melhor e investem seus recursos materiais, financeiros, de tempo e de pessoas para desenvolver cada vez mais a atividade que dominam. Para que uma empresa possa identificar suas competências essenciais, seus gestores podem realizar um teste com as seguintes questões:

a. Nossa competência essencial provê acesso a mercados variados?

b. Nossa competência essencial traz uma significativa contribuição ao valor percebido do produto pelo cliente?

c. Nossa competência essencial é difícil de ser imitada pelos concorrentes?

As empresas não precisam ter apenas uma competência – essencial –, mas devem dispensar especial atenção àquilo que as destaca das concorrentes no mercado. As competências essenciais podem ser definidas como um conjunto de recursos que, articulados de forma adequada, são difíceis de se imitar, são versáteis e contribuem para o desempenho do empreendimento. Para Fleury e Fleury (2004, p. 53), "as empresas são dotadas de padrões de competências nas mais diversas áreas, mas nem todas as competências podem ser consideradas essenciais, pois estas são apenas aquelas que garantem vantagem competitiva sustentável no mercado concorrente".

Precisamos destacar alguns pontos específicos para a análise da cadeia de valor, como os levantados por Shank e Govindarajan (1993, p. 58):

a) *Elos com fornecedores* – realizar o estudo se a interação pode beneficiar toda a cadeia de suprimentos.

b) *Elos com clientes* – explorar e melhorar as relações comerciais com os canais de distribuição.

c) *Elos das atividades internas* – verificar onde se podem otimizar os processos e as atividades internas.

d) *Elos das unidades de negócios da empresa* – levantar todas as ações que podem ser feitas para melhorar as unidades de negócio da empresa.

Podemos perceber que são vários os elementos a serem verificados para se compreender uma organização. Sabemos que a empresa é formada por elos de diversas áreas, que devem ser vistas de forma sistêmica e organizada. Muitas vezes, quando se abordam as organizações em estudos iniciais da área de administração, analisa-se cada um dos departamentos e ações de cada área de maneira individualizada. É importante que se reveja esse pensamento, pois as ações das empresas devem ser vistas como elos, entententendo-se que um departamento não pode ser desvinculado de outro, para que a empresa possa desenvolver sua estratégia de forma conveniente.

Um exemplo prático da utilização e da importância da cadeia de valor é o do Banco do Brasil: "Trabalhar com a visão de cadeia de valor significa considerar todas as etapas dos processos de produção e de distribuição que agregam valor a produtos e serviços até o consumidor final" (Banco do Brasil, 2016).

A cadeia de valor abrange a cadeia produtiva (da aquisição de matérias-primas até a oferta do produto acabado/serviço), a cadeia de distribuição (produto/serviço até o consumidor final), bem como todos os elementos de influência direta e indireta não descritos na forma de atividade (como governos, cooperativas e instituições públicas e privadas).

Considerando-se que uma das principais metas de qualquer empreendimento é o crescimento da rentabilidade, é importante gerenciar a cadeia de valor de modo a identificar atividades que não adicionam valor, evitar dispêndios desnecessários e procurar a melhoria contínua do produto em todas as etapas.

FIGURA 2.2 – Ambientes externo e interno – Banco do Brasil

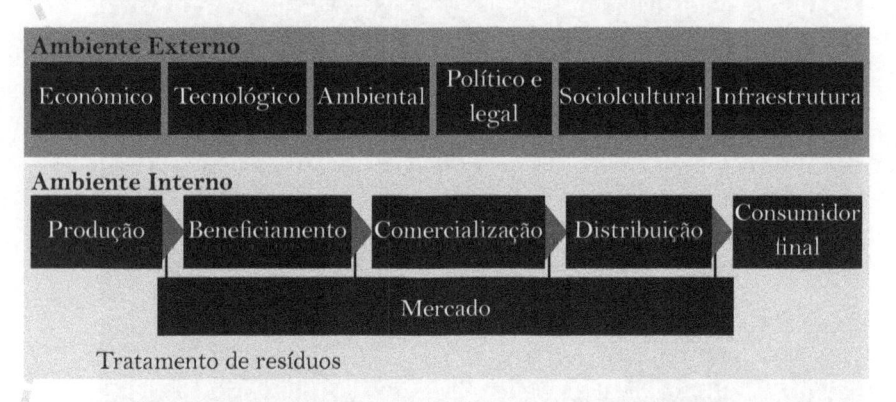

Ambiente Externo					
Econômico	Tecnológico	Ambiental	Político e legal	Socioculturual	Infraestrutura

Ambiente Interno				
Produção	Beneficiamento	Comercialização	Distribuição	Consumidor final

Mercado

Tratamento de resíduos

Fonte: Banco do Brasil, 2016.

Qualquer organização deve se preocupar em agregar valor aos seus consumidores. Vamos tornar como exemplo o caso do Banco do Brasil, uma instituição pública que poderia não pensar em identificar as ações que mais agregam valor ao cliente, pois seu *core business*, ou seu negócio principal, não está focado diretamente na satisfação dos consumidores finais. No entanto, existe essa preocupação da organização e a compressão de que, pelo fato de ela estar em uma cadeia interna e externa, esse é um ponto imprescindível para a elaboração de suas estratégias.

> Para Costa (2009, p. 61), as empresas devem projetar sua cadeia futura de valor, pois, dessa forma, podem visualizar o impacto combinado de melhorias operacionais e iniciativas estratégicas que estejam sendo consideradas. A mesma importância deve ser dada à projeção das cadeias de valor para cenários diferentes, o que pode ser feito quando se procura identificar as necessidades dos consumidores que não são atendidas pelas cadeias de valor existentes no contexto atual e as próximas inovações que serão necessárias para atendê-las. Foi o que aconteceu com a Apple© quando a empresa lançou o *Iphone*™, que, além de um aparelho celular, ainda reunia música, foto, filme e acesso à internet em um só aparelho. Muitas organizações copiaram a ideia posteriormente, pois os consumidores viram a facilidade e o atendimento às suas necessidades traduzidos na criação de Steve Jobs. Assim, cada organização deve procurar entender sua cadeia e verificar não só suas competências atuais, como também suas *expertises* futuras para poder se desenvolver e se manter em um mercado cada vez mais competitivo.

Agora que já discutimos em que consiste a cadeia de valor, cabe a seguinte questão: é possível elencar as competências essenciais para promovê-las dentro das ações nas quais se entende que a empresa deve investir seus recursos? Existem alguns modelos que podem ser utilizados para isso, os quais apresentamos a seguir.

2.3
Organização e classificação das competências essenciais

O modelo de Resende (2000), que trabalha com a alavancagem das competências essenciais, é composto de quatro fases:

1. Especificação da forma como as competências essenciais serão alavancadas, com a utilização de planos de treinamento e desenvolvimento de pessoas e por meio do desenvolvimento organizacional.

2. Elaboração e implementação de planos e programas de alavancagem das competências essenciais já existentes.

3. Avaliação dos resultados de alavancagem das competências essenciais.

4. Obtenção dos resultados da avaliação realizada na fase anterior, que são, em seguida, relacionados aos planos e sistemas de recompensas.

Barney (2007) apresenta um modelo mais completo, que aborda a gestão estratégica e os aspectos a ela relacionados. Um desses aspectos, a competência essencial, é apresentado como uma das formas de obtenção de vantagem competitiva. A proposta pode ser considerada um modelo de desenvolvimento de novas competências essenciais, composto por três fases e fundamentado na Visão Baseada em Recursos (VBR).

A VBR é empregada por Barney (2007) nas duas primeiras fases de seu modelo: a de IDENTIFICAÇÃO DE RECURSOS E CAPACIDADES e a de CLASSIFICAÇÃO DOS RECURSOS E CAPACIDADES. Para tanto, Barney

(2007, citado por Pacheco et al., 2009) vale-se da cadeia de valor com o intuito de apontar recursos e capacidades e, em seguida, utiliza a estrutura Vrio* para classificá-los. É importante enfatizarmos que o autor enxerga *recursos* e *capacidades* como sinônimos, enquanto entende *competências essenciais* apenas no contexto de estratégias de diversificação. Como a VBR se concentra em recursos distintivos e de difícil imitação, cuja utilização pode significar uma vantagem competitiva, a organização usa a cadeia de valor para verificar quais de seus recursos e capacidades têm o potencial de criar vantagem competitiva.

VBR: Fase 1 – Identificação de recursos e capacidades

Após a separação e a classificação das áreas da empresa, devem ser levantadas as competências de cada um desses setores, relacionando-os aos recursos financeiros, físicos, individuais e organizacionais e verificando-se quais desses departamentos podem ser considerados vantagens competitivas ou fraquezas. Para que essa classificação seja realizada, Barney (2007) propõe a fase 2 com a utilização da estrutura Vrio.

VBR: Fase 2 – Utilização da Vrio

Na fase 2, os recursos e as capacidades identificados na fase anterior devem ser classificados como forças ou fraquezas organizacionais. Por isso, Barney (2007) adota a estrutura Vrio, que é fundamentada nos princípios relacionados às atividades realizadas pela organização:

---

* Vrio: acrônimo de *valor, raridade, imitabilidade* e *organização*.

- Valor – Os recursos e as capacidades permitem que a organização responda às ameaças e às oportunidades do ambiente?

- Raridade – O recurso é atualmente controlado por um número reduzido de concorrentes?

- Imitabilidade – As empresas que não têm o recurso terão de dispor de altos investimentos ou terão dificuldade para adquiri-lo ou desenvolvê-lo?

- Organização – As políticas e procedimentos da empresa estão organizados de maneira a apoiar a utilização desses recursos?

Para verificar a utilização e capacidade da organização em relação às capacidades essenciais, pode ser usada a matriz apresentada no Quadro 2.1, que possibilita determinar onde se encontram a empresa e seus recursos.

Quadro 2.1 – Relação entre a Vrio e as forças e fraquezas organizacionais

Recurso ou capacidade				
Tem valor?	É raro?	É caro imitá-lo?	É explorado pela organização?	Força ou fraqueza
Não	–	–	Não	Fraqueza
Sim	Não	–	–	Força
Sim	Sim	Não	–	Força e competência distintiva
Sim	Sim	Sim	Sim	Força e competência distintiva e sustentável

Fonte: Adaptado de Barney, 2007, citado por Pacheco et al., 2009, p. 5.

Barney (2007, citado por Pacheco et al., 2009) faz uma descrição de cada uma das quatro classificações, a saber:

1. Se um recurso (ou capacidade controlada) da organização não detém valor, a organização não estará apta a escolher ou implementar estratégias que explorem oportunidades ou neutralizem ameaças ambientais. Explorar esses recursos aumentará os custos da organização ou diminuirá o valor que os clientes estão dispostos a pagar. Dessa forma, são FRAQUEZAS ORGANIZACIONAIS.

2. Se um recurso (ou capacidade) tem valor, mas não é raro, explorá-lo na concepção e implementação de estratégias gerará uma igualdade competitiva. Porém, a não utilização de recursos dessa natureza pode colocar a organização em uma desvantagem competitiva. Nesse sentido, são FORÇAS ORGANIZACIONAIS.

3. Se um recurso (ou capacidade) apresenta valor, é raro, mas não é caro para se imitar, explorá-lo gerará uma vantagem competitiva temporária para a organização, que será usufruída até que esses recursos sejam imitados. São considerados, portanto, FORÇAS ORGANIZACIONAIS e uma COMPETÊNCIA DISTINTIVA.

4. Se um recurso (ou capacidade) dispõe de valor, é raro e caro de se imitar, explorá-lo gerará uma vantagem competitiva sustentável. Nesse caso, estamos diante de FORÇAS ORGANIZACIONAIS e COMPETÊNCIAS DISTINTIVAS SUSTENTÁVEIS.

> Esse modelo pode ser facilmente aplicado pelas organizações, de modo que possam destacar as competências que as diferenciam dos concorrentes. Apesar da existência de um método tão simples, ainda há empresas que não desenvolvem seus diferenciais pelo simples desconhecimento da importância dessas *expertises* no processo e na cadeia de valor.

Existem ainda outros modelos de detecção e desenvolvimento de competências que podem ser aplicados às organizações, tais como o de Prahalad e Hamel (1995), no qual as competências levantadas devem ser categorizadas de acordo com a seguinte classificação:

- **S** – *Skills* (habilidades) – Consistem na qualificação dos colaboradores e na determinação de como eles podem desenvolver adequadamente as competências levantadas.

- **P** – *Process* (processos) – São processos de gestão e operacionais que determinam o nível de eficiência com o qual as competências podem ser aplicadas.

- **T** – *Technologies* (tecnologias) – Funcionam como indicadores das competências consideradas fundamentais à organização.

- **V** – *Values* (valores) – Referem-se à determinação da maneira como a organização trabalha e utiliza as competências essenciais.

- **A** – *Assets* (ATIVOS) – São o patrimônio e os ativos financeiros que promovem as competências essenciais. Os intangíveis, como a marca, são indicadores de vantagem competitiva da organização.

Compreendendo cada uma dessas competências classificadas, podemos subdividi-las da seguinte maneira, de acordo com Pacheco et al. (2009):

- Competências essenciais (CEs) – São as habilidades, experiências, tecnologias, sistemas, ativos estratégicos (tangíveis e intangíveis), processos-chave, operacionais e de gestão, valores, normas e comportamentos que devem resultar em um cliente satisfeito ou em um benefício de custo fundamental que proporcione um diferencial competitivo para a organização.

- Competências essenciais futuras (CEFs) – São aquelas que irão conferir o diferencial competitivo à organização no futuro, devendo ser focalizadas no desenvolvimento.

- Competências essenciais latentes (CELs) – São as competências inexploradas na organização.

- Exigências básicas de competitividade (EBCs) – São essenciais a todos os competidores e, portanto, não consistem em um diferencial no ramo de negócios. Sem essas competências, é impossível entrar no jogo competitivo.

Com o conhecimento das competências classificadas, é possível preencher a matriz de competências apresentada no Quadro 2.2, elaborada por Prahalad e Hamel (1995).

QUADRO 2.2 – Matriz de competências

Competência essencial NOVA em mercado EXISTENTE	Liderança em 10 [*]
Competência essencial NOVA em mercado NOVO	Espaços em branco
Competência essencial EXISTENTE em mercado EXISTENTE	Preenchimento dos espaços
Competência essencial EXISTENTE em mercado NOVO	Megaoportunidade

* Trata-se da denominação dada pelos autores. Significa, em termos gerais, manutenção da liderança por dez anos, considerado um tempo longo.

Fonte: Adaptado de Prahalad, Hamel; 1995, p. 257.

Utilizando-se como base essa matriz nas competências levantadas, as especificidades da empresa podem ser exploradas da seguinte forma:

- QUADRANTE "LIDERANÇA EM 10" – Devem ser inseridas novas competências para os mercados existentes, pois, dessa forma, são definidas as novas competências que a empresa precisa desenvolver para se proteger e expandir nos mercados atuais.

- QUADRANTE "ESPAÇOS EM BRANCO" – Devem ser inseridas novas competências para atingir novos mercados, de modo que as novas *expertises* da empresa sejam desenvolvidas com vistas à conquista de novos mercados no futuro.

- QUADRANTE "PREENCHIMENTO DOS ESPAÇOS" – As competências existentes devem ser alocadas para os mercados existentes, ou seja, é necessário definir a oportunidade para melhorar o posicionamento da organização no mercado atual aprimorando-se as competências existentes.

- QUADRANTE "MEGAOPORTUNIDADE" – Devem ser preenchidas as competências existentes para novos mercados, ou seja, quais novas oportunidades de mercado a empresa pode obter recombinando ou reposicionando suas competências atuais?

ESTUDO DE CASO

A COMPETÊNCIA DO MADERO

Com o slogan "The Best Burger in the World", o Madero é fruto das pesquisas do chef Junior Durski por diversos países. Suas experimentações gastronômicas o ajudaram na criação do melhor hambúrger do mundo. O Cheeseburger Madero é gostoso e muito saudável, pois contém apenas ingredientes selecionados, de alta qualidade, produção caseira e não possui conservantes. Além dos famosos hambúrgers, o Madero oferece aos seus clientes tradicionais opções de carnes, massas, sanduíches gourmet, entradas, saladas e sobremesas especiais, assinadas pela chef pâtissier Laysa Durski.

A história do restaurante começou em 2005, quando o chef Junior Durski inaugurou o seu primeiro Madero, no centro histórico de Curitiba (PR), o Madero Prime Steakhouse. Hoje são mais de 40 restaurantes em diversas cidades brasileiras. Em 2014, o chef Junior Durski inova mais uma vez no segmento da gastronomia com o projeto Madero Container – restaurantes desenvolvidos em containers e localizados em pontos estratégicos das estradas brasileiras.

> Em 2015, começa o processo de expansão internacional da marca com a inauguração do Madero Steak House, em Sidney, na Austrália, e em Miami, nos Estados Unidos.
>
> Fonte: Adaptado de Madero, 2016.
>
> 1. Quais competências você consegue perceber no Madero? Quais são realmente os destaques de sua estratégia, que diferenciam a empresa de outros concorrentes no mercado de hambúrgeres?

Agora que já demostramos a necessidade do desenvolvimento da cadeia de valor para descobrir minuciosamente o que a organização faz em cada uma de suas áreas, bem como para detalhar suas competências, vamos nos focar no aprimoramento da estratégia. Para isso, é importante que a empresa verifique internamente seus pontos fortes e fracos e, externamente, no mercado, as oportunidades e as ameaças. Uma das melhores ferramentas para essa atividade é a ANÁLISE SWOT, que será detalhada na seção a seguir.

2.4 Análise Swot (Fofa)

Nesta seção, vamos tratar das ações da empresa após o levantamento de suas competências, pois de nada adianta a organização determinar sua especialidade e os pontos a serem desenvolvidos na organização se não souber como aplicar tais conhecimentos e se o concorrente ou mercado em que atua desejar exatamente o que se considera como competência da empresa em análise. Como a empresa pode usar suas vantagens para que efetivamente tenha um resultado satisfatório perante seus clientes e vantagem competitiva de mercado? Uma ferramenta simples e muito eficiente é a chamada *análise Swot* (em português, Fofa), nome cujas letras representam os seguintes conceitos:

- **S** (*strengths*) – forças.
- **W** (*weaknesses*) – fraquezas.
- **O** (*opportunities*) – oportunidades.
- **T** (*threats*) – ameaças.

> As forças e as fraquezas são internas à organização, e as ameaças e as oportunidades estão no mercado. Deve ser considerado na análise apenas aquilo que for realmente relevante, senão o estudo se tornará confuso e difícil de ser analisado. Além disso, esse trabalho deve ter como alvo alguma ação da empresa no momento da formulação do estudo, pois assim ele será mais completo.

Vejamos um exemplo da análise Swot feita na Renault, no fim de 1998, depois de a organização quase falir em meados de 1980. Quando percebeu suas dificuldades, a empresa se recuperou graças à implantação de políticas de qualidade total, a numerosas vitórias da equipe da montadora na Fórmula 1 e a uma nova linha de automóveis, com os modelos Twingo, Scénic, Kangoo, entre outros.

QUADRO 2.3 – Análise Swot Renault*

Fatores internos/ fatores ambientais	Saturação de mercados desenvolvidos	Crescimento das pressões ambientais e fiscais na Europa	Potencial de crescimento em mercados em desenvolvimento	Crescimento na demanda por veículos de passeio
Maiores forças				
Linhas de produtos	+		++	+++
Capacidade de inovação	++		++	++
Imagem na Fórmula 1	+		+	+
Maiores fraquezas				
Vendas concentradas na Europa	– – –	– –	– –	
Pequeno porte se comparada aos competidores	– –		–	
Mau desempenho no segmento de carros de luxo	–	–	–	–
+	4	0	5	6
–	6	3	4	1

Fonte: Adaptado de Johnson; Scholes; Whittington, citados por Fernandes; Berton, 2012, p. 137.

* Os sinais (+) e (-) referem-se aos pontos positivos e negativos percebidos pela montadora em sua análise Swot.

Considerando-se esse estudo como exemplo, que atitudes uma organização poderia tomar para solucionar os problemas levantados na matriz Swot? Torres et al. (2013) apresentam a proposta representada no Quadro 2.4:

QUADRO 2.4 – Análise Swot

	Ameaças	Oportunidades
Pontos fortes	Capacidades defensivas: pontos fortes que podem ser negativamente influenciados por aspectos internos.	Capacidade ofensiva: oportunidades que podem potencializar pontos fortes.
Pontos fracos	Vulnerabilidade: ameaças sobre aspectos frágeis de nossa empresa.	Debilidades: oportunidades não aproveitáveis devido a fragilidades na organização.

Fonte: Torres et al., 2013, p. 88.

Vamos explicar cada um dos quadrantes:

- PRIMEIRO QUADRANTE – ameaça (A) associada a ponto forte (F) – Deve-se verificar capacidades defensivas que ampliem o potencial de uma força interna perante uma condição externa, de modo a viabilizar propostas de ações para enfrentar a ameaça em questão.

- SEGUNDO QUADRANTE – oportunidade (O) associada a ponto forte (F) – Deve-se buscar estratégias ofensivas, alavancas que, se bem aproveitadas, podem conferir vantagem competitiva perene para a organização.

- TERCEIRO QUADRANTE – ameaça (A) associada a ponto fraco (F) – Deve-se identificar os focos de vulnerabilidade que devem ser enfrentados com ações defensivas ou fortalecedoras.

- QUARTO QUADRANTE – oportunidade (O) associada a ponto fraco (F) – Deve-se levantar restrições a serem atacadas de modo que as oportunidades que se apresentam possam ser aproveitadas.

Para a realização da análise Swot, devem ser considerar dos alguns pontos importantes, segundo Torres et al. (2013):

- De modo geral, não deve ser formuladas muitas conclusões para cada um dos quadrantes, pois há o risco de não se otimizar a utilização da ferramenta e não se priorizarem os pontos mais relevantes.

- É importante lembrar que os pontos fortes e fracos são internos à empresa e estão sob o controle do administrador, enquanto as oportunidades e as ameaças, por serem externas, muitas vezes fogem do controle das empresas.

- Um ponto-chave levantado para determinada categoria pode não ser adequado para outra, ou seja, o mesmo ponto pode não ser forte e fraco.

- Pontos fortes e fracos são relativos e limitados, não podendo ser aplicados a todos os concorrentes nem a todas as situações de mercado.

- Para a elaboração da análise, é preciso realizar uma abordagem ampla dos pontos fortes e fracos e, em seguida, verificar a melhor combinação relativa aos pontos fortes e à ausência de pontos fracos para determinados mercados e contra concorrentes específicos.

- Se a análise apresentar pontos fortes semelhantes entre a empresa e um concorrente, esse ponto não pode ser mais considerado ponto forte, ou, como vimos, uma competência essencial.

A análise Swot, quando bem aplicada no diagnóstico de pontos específicos da empresa e na projeção de cenário, é muito eficaz para que a organização possa desenvolver suas capacidades, otimizando seus pontos fortes, e tentar minimizar aquilo que percebe como ponto fraco. A melhor forma de combinar as ações estratégicas é reforçar o que é bom e minimizar pontos que não são vantagem competitiva, procurando-se saber o máximo sobre esses elementos e agir sobre eles. Essa análise tornará mais fácil a obtenção de vantagens no mercado, pois as ameaças podem ser reduzidas se a organização tem o conhecimento ncessário para enfrentá-las. Assim, mesmo que sejam inevitáveis alguns percalços que o mercado apresenta, é possível estar mais bem preparado com o conhecimento sobre as estratégias.

2.5
Gestão do conhecimento

Compreendendo todas as questões organizacionais apresentadas até este ponto da obra, percebemos que o que é realmente necessário e efetivo na realização de uma gestão eficiente das empresas e suas estratégias é a CONSOLIDAÇÃO DE UMA GESTÃO DO

CONHECIMENTO. Esse trabalho se faz necessário por dois motivos, em especial no que se refere à administração estratégica: porque proporciona à empresa um conhecimento de suas forças e fraquezas, de seus objetivos e metas e das análises externas, relacionadas às oportunidades e ameaças dos mercados, e porque evita retrabalho e perda de muitas informações, centralizadas em apenas uma pessoa ou em pequenos grupos.

> A gestão do conhecimento é uma ferramenta importantíssima para qualquer tipo e porte de organização, pois essa atividade é direcionada ao armazenamento e distribuição de todas as informações relevantes e imprescindíveis para a empresa. Os colaboradores podem ter acesso a manuais, ferramentas e especificações para facilitar a consulta e o manuseio dessas informações, que podem ser utilizadas para o desenvolvimento de suas tarefas e a ação em prol para a estratégia da empresa.

De acordo com Figueiredo (2005, p. 373), não interessa qual é o produto ou o serviço final da empresa – o conhecimento e sua gestão são as chaves do sucesso, isto é, produtos como televisores, computadores, garrafas de vinho, carros e serviços como hospedagens e viagens são resultantes da materialização do conhecimento dos profissionais envolvidos.

Para Torres et al. (2013, p. 142),

> os empregados e a empresa devem promover sistematicamente o registro e a disponibilização do conhecimento formal necessário à realização das atividades e processos, além de estimular a formação de redes de relacionamento para a promoção de conteúdo

por meio de comunidades virtuais de interesses. As atividades de inteligência competitiva e inteligência do negócio são possíveis com uma adequada gestão do conhecimento e sistematizam o acompanhamento dos ambientes interno e externo.

A respeito desse tema, Garvin (1993, p. 86) observa:

> *as empresas baseadas no conhecimento são chamadas organizações de aprendizagem e reconhecem este domínio como recurso estratégico, e desenvolvem conhecimento que é processado internamente e utilizado externamente, aproveitando todo o potencial de seu capital intelectual, onde o chamado "trabalhador do conhecimento" é o principal componente.*

Apresentamos, a seguir, algumas questões e desafios do profissional de gestão do conhecimento, de acordo com Terra (2000, p. 203):

- Como mapear o conhecimento (competências individuais) existente na empresa?

- Onde se encontram as *expertises* e as habilidades centrais da empresa relacionadas às competências essenciais?

- Como facilitar e estimular a explicitação do conhecimento tácito dos colaboradores?

- De que maneira atrair, selecionar e reter pessoas com as requeridas competências, habilidades e atitudes?

- Como manter o equilíbrio entre o trabalho em equipe e o trabalho individual e entre o trabalho multidisciplinar e a requerida especialização individual?

- Como utilizar os investimentos em tecnologia de comunicação para aumentar o conhecimento da empresa, e não apenas acelerar o fluxo de informações?

- Que sistemas, políticas e processos devem ser implementados para moldar comportamentos relacionados ao estímulo, à criatividade e ao aprendizado?

- Como incentivar e premiar o compartilhamento de conhecimento e desencorajar a retenção de informação?

- De que forma tornar a empresa aberta ao conhecimento externo, de modo a ampliar e capturar o fluxo de conhecimentos, *insights* e ideias provenientes de clientes, parceiros, fornecedores e da comunidade em geral?

Um ponto ao qual devemos prestar a máxima atenção quando falamos em *gestão do conhecimento* diz respeito ao esforço que a empresa deve realizar para efetivamente saber o que ela sabe. Dessa maneira, a organização pode construir ferramentas para tirar o máximo proveito de seus bens intangíveis, tendo condições de identificar e mapear seus ativos intelectuais, bem como tornar mais simples e fácil o acesso às informações corporativas e o compartilhamento do conteúdo e das experiências entre todos os colaboradores envolvidos no processo. Essa postura auxilia na tomada de decisões acerca de investimento em treinamentos e capacitações, incentivando a criatividade e a inovação dos colaboradores, iniciativa que gera ainda mais conhecimento, criando um círculo virtuoso de geração e armazenamento de saberes.

Após essa exposição inicial sobre o tema, cabe a pergunta: como surgiu a gestão do conhecimento? O conceito surgiu no começo da década de 1990 e, de acordo com Sveiby (1998, p. 3), "não é mais uma moda de eficiência operacional. Faz parte da estratégia empresarial".

Na gestão do conhecimento, trabalhamos com quatro conceitos que, na verdade, representam uma evolução de um para o outro:

1. DADO – É a informação pura. Pode nada representar para algumas pessoas, pois o dado depende do contexto ou situação em que é utilizado e precisa ser interpretado. Por exemplo: por meio pesquisas, podemos obter alguns dados sobre nossos clientes, como o fato de que são em sua maioria homens na faixa etária dos 30 aos 45 anos e pertencentes às classes C e D. Com esses dados, podemos conhecer algumas especificidades dos consumidores, mas como saber se são essas características que fazem com que adquiram nossos produtos?

2. INFORMAÇÃO – Podemos dizer que a informação é um conjunto de dados processados. As informações podem fornecer aos gestores parâmetros mais adequados para tomadas de decisão, para a caracterização mais precisa do mercado e para a definição de estratégias. Por exemplo: com os dados sobre nossos clientes citados anteriormente, podemos entender que homens na faixa etária e classe social elencadas adquirem nossos produtos sempre em épocas de

promoção e quando anunciamos em *sites* e jornais direcionados a esportes.

3. CONHECIMENTO – O conhecimento consiste na capacidade de saber utilizar as informações para poder tomar medidas que melhorem o desempenho organizacional. Por exemplo: sabendo que os clientes têm as características descritas e que consomem nossos produtos quando anunciados em jornais de esporte, podemos investir mais nesse público promovendo parcerias com empresas de artigos esportivos para evidenciar ainda mais nossa marca aos consumidores. Também é possível investir em promoções voltadas a outros segmentos e, assim, alavancar as vendas para outras classes, como homens mais jovens ou mulheres que também se interessem por esportes.

4. GESTÃO DO CONHECIMENTO – Se a empresa dispõe desse conhecimento, não pode permitir que ele se perca. Assim, precisa armazená-lo para que várias pessoas e departamentos possam utilizá-lo quando precisarem. Por exemplo: o Departamento de Gestão de Pessoas pode utilizar os conhecimentos anteriormente indicados para tomar a decisão de contratar mais vendedores em épocas de campeonato de futebol e para lançar promoções ou então profissionais para o Departamento de Compras, que precisa adquirir mais matéria-prima nos momentos que antecedem os picos das vendas.

De nada adianta a empresa investir em pesquisas e obter diversos dados do mercado (de clientes, concorrentes ou fornecedores) se não souber tratar esses dados e convertê-los em informação, bem como utilizar toda a informação produzida para transformá-la em conhecimento que será aplicado na organização. Muitos empreendimentos gastam suas reservas coletando esses dados e informações e não sabem o que fazer com eles ou mesmo como disseminá-los para todos os colaboradores que precisem deles para tomadas de decisão. Para que essa atividade seja realizada de forma adequada, é preciso dispor do que podemos chamar de *sistema de inteligência competitiva*, necessário para o monitoramento dos ambientes interno e externo, quando estes envolvem um grande número de variáveis. A primeira função desse sistema é capturar e interpretar dados estratégicos, ações realizadas por pessoas ou grupos de pessoas na organização que tenham conhecimento ou precisem desse conteúdo para gerar conhecimento. O foco principal da inteligência competitiva são as mudanças no mercado, no comportamento dos consumidores e dos clientes, nas tecnologias e nas cadeias de valor dos concorrentes, dos fornecedores e da sociedade como um todo.

Entendido esse processo, que é fundamental para uma estratégia de inteligência competitiva, na qual a empresa coloca seu conhecimento para trabalhar e criar uma vantagem perante seus concorrentes e um bom destaque para os seus consumidores, é necessário entender quais são os tipos de conhecimento existentes. Podemos classificá-los em conhecimentos tácitos e explícitos. O CONHECIMENTO TÁCITO é difícil de ser explicado em linguagem formal; trata-se do conhecimento pessoal, que envolve fatores intangíveis como crenças, valores, habilidades e emoções. Já o CONHECIMENTO EXPLÍCITO é aquele que pode ser mais facilmente expresso em linguagem, como o compreendido em fórmulas, manuais e documentos que as empresas podem produzir.

Para Nonaka e Takeuchi (1997, p. 79), "para que a empresa possa ser considerada uma organização que gera conhecimento, ela precisa completar uma 'espiral do conhecimento', que articula os conhecimentos, de tácito para tácito, de explícito para explícito, de tácito para explícito e de explícito para tácito", conforme podemos ver na Figura 2.3.

FIGURA 2.3 – Espiral do conhecimento

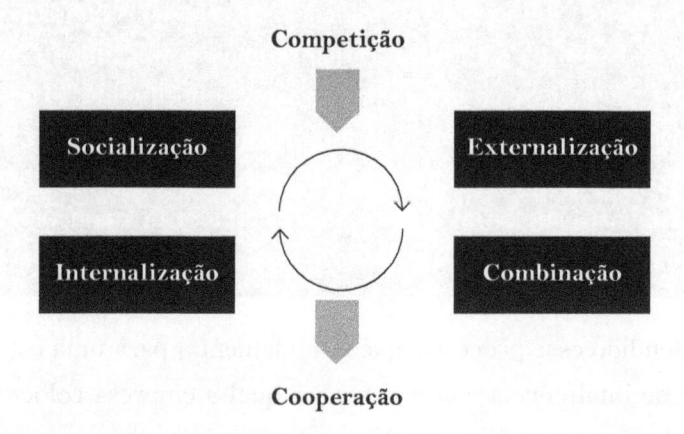

Competição

| Socialização | Externalização |
| Internalização | Combinação |

Cooperação

Fonte: Adaptado de Nonaka; Takeuchi, 1997, p. 80.

Para que possa combinar esses conhecimentos, a empresa precisa passar por quatro fases:

1. SOCIALIZAÇÃO – É o processo no qual ocorre o compartilhamento do conhecimento tácito por meio da observação, da imitação ou da prática (tácito para tácito).

2. EXTERNALIZAÇÃO – Também chamada de *articulação*, é a base de conversão do conhecimento tácito em explícito e sua comunicação ao grupo ou às pessoas que necessitam desse conhecimento (tácito para explícito).

3. COMBINAÇÃO – Trata-se da padronização do conhecimento, que pode ser realizada com a elaboração de um manual ou instruções de trabalho que podem ser incorporadas a um produto, serviço ou operação (explícito para explícito).

4. INTERNALIZAÇÃO – Ocorre quando novos conhecimentos explícitos são compartilhados na organização e outras pessoas podem utilizá-los para aumentar e reenquadrar seu próprio conhecimento tácito (explícito para tácito).

Essa combinação pode gerar a cooperação de todos para aumentar a competitividade da empresa no mercado; portanto, essas ações devem ser parte da estratégia organizacional. A gestão do conhecimento colabora para o desenvolvimento e a aplicação da estratégia das organizações, pois, com as informações que ela disponibiliza para seus colaboradores, estes podem compreender melhor os objetivos organizacionais e saber onde buscar os dados, informações e conhecimentos para desenvolver suas atividades. O conhecimento e sua gestão são ferramentas imprescindíveis para os empreendimentos atuais, pois a chamada *sociedade do conhecimento*, na qual estamos inseridos, cobra-nos cada vez mais resultados imediatos. As empresas nunca terão tempo de buscar o sucesso desses objetivos, caso o conhecimento do negócio não esteja bem armazenado e acessível quando for preciso tomar uma medida para a melhoria das operações. Além disso, é necessário saber identificar as principais características dessa sociedade do conhecimento a fim de estar preparado para atuar e se planejar. Para que possamos nos localizar mais facilmente nesse tema, apresentamos no Quadro 2.5 uma pequena comparação entre a sociedade atual e a sociedade industrial, que a precedeu.

QUADRO 2.5 – Comparativo entre a sociedade industrial e a sociedade do conhecimento

Item	Na sociedade industrial	Na sociedade do conhecimento
Pessoas	Geradores de custo ou recursos	Geradores de receitas
Base de poder dos gerentes	Posição na hierarquia organizacional	Nível relativo de conhecimento
Principal tarefa da gerência	Supervisão de subordinados	Apoio aos colegas
Manifestação da produção	Predominantemente tangível (*hardware*) – trabalhadores processadores de bens tangíveis	Predominantemente intangível (*software* e conceitos) – trabalhadores que convertem conhecimento em estruturas intangíveis
Estrangulamentos na produção	Capital financeiro e habilidades humanas	Tempo e conhecimento

(continua)

(Quadro 2.5 – conclusão)

Item	Na sociedade industrial	Na sociedade do conhecimento
Manifestação da produção	Produtos tangíveis	Estruturas intangíveis
Fluxo de produção	Regido pela máquina, sequencial	Regido pelas ideias, caótico
Fluxo da informação	Via hierarquia – instrumento de controle	Via rede – ferramenta para o recurso da informação
Forma básica de receita	Tangível (dinheiro)	Intangível (aprendizado, novas ideias, novos clientes etc.)
Efeito do porte	Economia de escala no processo de produção	Economia de escopo das redes
Relacionamento com o cliente	Unilateral pelos mercados	Interativo pelas redes pessoais
Conhecimento	Ferramenta/ Recurso	Foco empresarial
Finalidade do aprendizado	Aplicação de novas ferramentas	Criação de novos ativos
Inovação	Intermitente	Constante
Infraestrutura	Ênfase no transporte físico	Ênfase em infovias
Velocidade das transações	Rápidas	Em tempo real
Valores do mercado acionário	Regidos pelos ativos tangíveis	Regidos pelos ativos intangíveis

Fonte: Sveiby, 1998, p. 127.

Como podemos perceber, todas as operações realizadas atualmente na sociedade do conhecimento são baseadas em recursos muito mais intangíveis e em pessoas muito mais capacitadas, assim como a cobrança pelos números está sendo substituída pela busca de mais conhecimento. É preciso verificar nas organizações se esse pensamento está combinado com as respectivas estratégias e se estão no direcionamento certo, de modo a poderem implementar uma gestão do conhecimento adequada e utilizá-la para o próprio crescimento da organização.

Síntese

Neste capítulo, demonstramos como a estratégia se relaciona com os ambientes interno e externo da organização, bem como a importância de assegurar que todos os setores estejam envolvidos no desenvolvimento de uma estratégia coerente com os propósitos da empresa e o cenário em que está inserida. Destacamos a necessidade de os administradores do empreendimento conhecerem as vantagens competitivas do negócio para que possam posicionar-se de maneira eficaz e distinta da de seus concorrentes, pois, se a empresa não se conhece, conhecer o mercado em que atua torna-se uma atividade difícil. Na sequência, enfatizamos a relevância da construção da cadeia de valor da organização, que traz benefícios relacionados à imagem do empreendimento, bem como de uma gestão de conhecimentos eficiente, para que todos os envolvidos no desenvolvimento da empresa possam manusear dados, informações e conhecimentos com vistas ao bom funcionamento do negócio.

Questões para revisão

1. Qual é a importância da gestão do conhecimento na administração estratégica?

2. Na análise Swot, também chamada *Fofa*, quais são as principais diferenças entre as forças, as fraquezas, as oportunidades e as ameaças de uma empresa?

3. Na matriz de competências essenciais em mercado, de Prahalad e Hamel (1995), qual combinação está correta?

    a. Liderança em 10 – competência nova, mercado existente.

    b. Preenchimento dos espaços – competência nova, mercado novo.

    c. Espaços em branco – competência existente, mercado novo.

    d. Megaoportunidades – competência existente, mercado existente.

4. A cadeia de valor tem importância na formulação da estratégia de uma empresa porque ajuda a:

    a. compreender os concorrentes.

    b. verificar e comparar os preços dos fornecedores.

    c. identificar quais são os principais determinantes de custo da empresa.

    d. apontar estratégias de liderança em custo para a empresa no curto prazo.

5. Quais são as fases pelas quais a empresa precisa passar para articular seus conhecimentos tácitos e explícitos e completar a chamada *espiral do conhecimento*?

   a. Socialização, exploração, combinação, percepção.

   b. Combinação, implantação, aplicação e revisão.

   c. Planejamento, organização, direção e controle.

   d. Socialização, externalização, combinação e internalização.

Questões para reflexão

Você consegue classificar as competências da empresa em que trabalha ou de alguma que conheça? Propomos aqui a seguinte atividade reflexiva:

1. Elenque as divisões da cadeia de valor do negócio que você escolheu e, em seguida, de cada área ou departamento e, então, separe pelo menos três competências a fim de verificar quais são as que se classificam como essenciais.

2. Analise a classificação das competências – se elas já existem, se são latentes ou futuras – para, então, verificar como aprimorar as existentes e aquelas que ainda devem ser desenvolvidas. Que estratégia você adotaria se percebesse que não se está aplicando foco suficiente nas competências?

Para saber mais

Para se aprofundar mais nos temas referentes à análise organizacional, recomendamos as obras listadas a seguir.

Livros

FARIA, J. H. **Análise crítica das teorias e práticas organizacionais**. São Paulo: Atlas, 2007.

GREENWALD, B.; KAHN, J. **A estratégia competitiva desmistificada**: uma abordagem radical e seletiva para aplicação de estratégias de negócios. Rio de Janeiro: Campus, 2005.

HOSKISSON, R. E. et al. de **Estratégia competitiva**. São Paulo: Cengage Learning, 2009.

OLIVEIRA, D. P. R. O. de. **Estratégia empresarial e vantagem competitiva**: como estabelecer, implementar e avaliar. São Paulo: Atlas, 2011.

capítulo 3

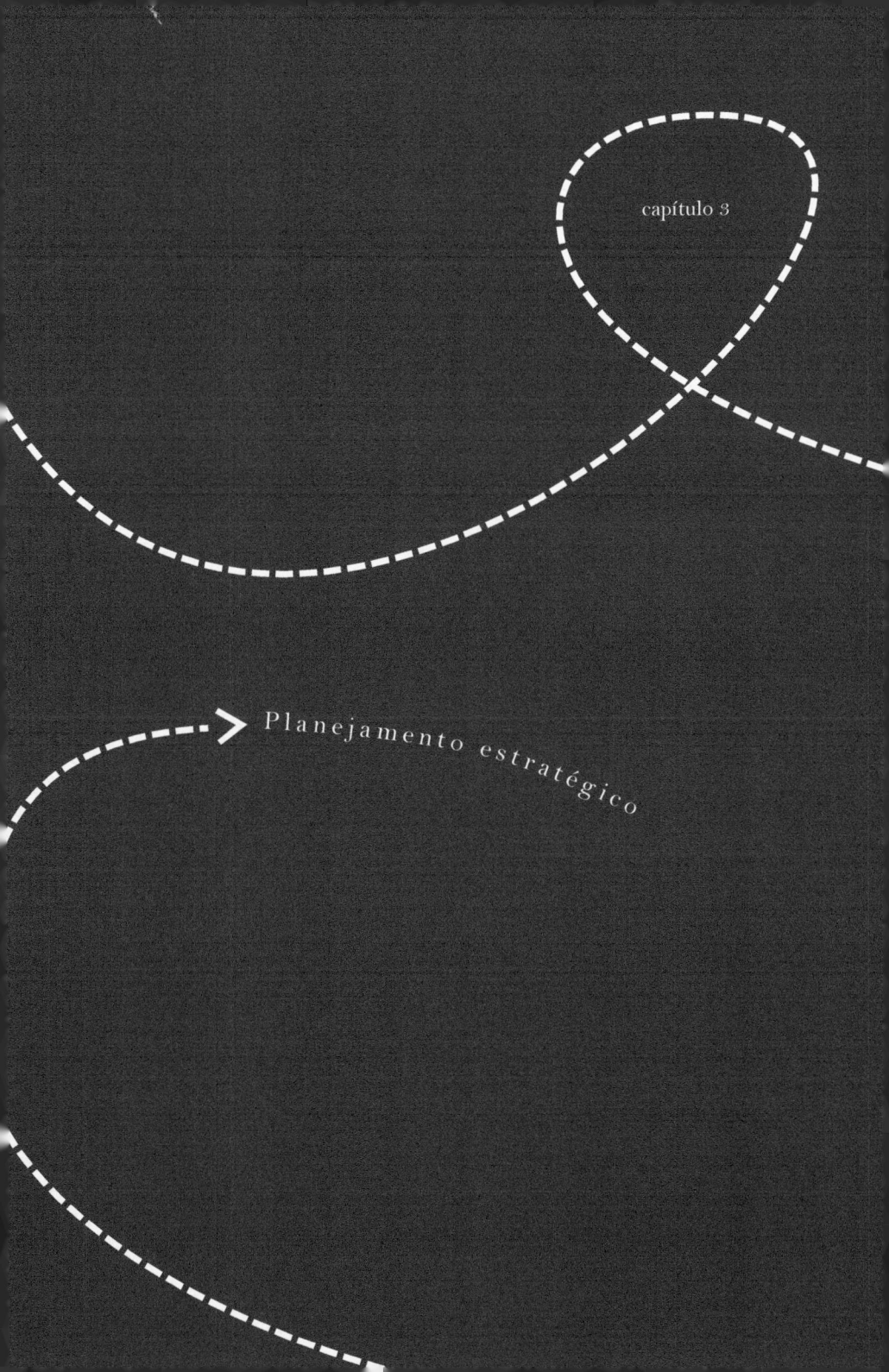

Planejamento estratégico

Conteúdos do capítulo:

- Elaboração do planejamento estratégico.
- Implementação de *benchmarking*.

Após o estudo deste capítulo, você será capaz de:

1. compreender como funciona o planejamento estratégico e sua função para a estratégia organizacional;
2. realizar um *benchmarking*;
3. identificar os pontos que devem ser abordados no plano estratégico.

3.1

Gestão estratégica

Podemos afirmar que o planejamento é o processo de elaboração da estratégia, definindo a relação entre a empresa e o ambiente. Na perspectiva de Wildavsky, citado por Mintzberg (2004, p. 24),

> *Como praticamente todas as ações com consequências futuras são ações planejadas, o planejamento é tudo, e mal se pode dizer que existe a falta de planejamento. A falta de planejamento só existe quando as pessoas não têm objetivos, quando suas ações são aleatórias e não dirigidas para metas. Se todos planejam, não é possível distinguir as ações planejadas de não planejadas.*

Complementando a visão de Wildvasky, Maximiano (2006, p. 33) afirma que o processo de planejamento estratégico "compreende a tomada de decisões sobre qual o padrão de comportamento que a organização pretende seguir, produtos e serviços que pretende oferecer, e mercados e clientes que pretende atingir".

De acordo com Mintzberg (2004), o planejamento estratégico, para alguns autores, refere-se a uma VISÃO VOLTADA PARA O FUTURO, na qual são concebidos os cenários dos quais a empresa participa ou deseja participar e como a organização fará para alcançar o planejado. Para outros estudiosos da administração, o planejamento diz respeito ao CONTROLE DO FUTURO, ou seja, não apenas à reflexão sobre ele, mas à ação sobre ele. Qualquer que seja a visão adotada, a elaboração do planejamento estratégico de uma empresa demanda a realização do que chamamos de *diagnóstico estratégico*. Essa ferramenta permite que a empresa esteja munida de informações sobre o mercado para que possa planejar-se e agir. O processo deve iniciar com a análise externa, ou seja, do ambiente geral e do ambiente do negócio (citada no primeiro capítulo deste livro).

Para que seja possível avaliar com profundidade o ambiente geral, devem ser considerados os seguintes aspectos:

- SOCIOCULTURAIS – preferências, tendências, nível educacional e cultural, estilo de vida e distribuição etária e geográfica do público-alvo da empresa.

- LEGAIS – leis, impostos e taxas que incidem sobre os produtos/serviços do setor.

- POLÍTICOS – políticas governamentais que podem ser benéficas ou restritivas à empresa; influências políticas e de demais grupos de interesse.

- ECONÔMICOS – taxas de juros, inflação, política cambial, nível de renda e emprego, índices de preços.

- TECNOLÓGICOS – inovações, pesquisas e desenvolvimento de produtos similares, avanços tecnológicos e custos de tecnologia envolvidos.

> Devemos distinguir, segundo Oliveira (1996, p. 33), *planejamento* de *previsão, projeção, predição, resolução de problemas* ou *plano*. Vejamos cada um desses conceitos:
>
> - PREVISÃO corresponde ao esforço de verificação de eventos que podem ocorrer, com base no registro de uma série de probabilidades.

- PREDIÇÃO refere-se à situação em que o futuro tende a ser diferente do passado, em uma consecução de eventos sobre os quais a empresa não tem controle algum.
- PROJEÇÃO diz respeito à situação em que o futuro tende a ser igual ao passado, em sua estrutura básica.
- RESOLUÇÃO DE PROBLEMAS corresponde a ações destinadas tão somente à correção de certas descontinuidades e desajustes entre a empresa e as forças externas relevantes.
- PLANO refere-se a um documento formal resultante da consolidação das informações e das atividades desenvolvidas no processo de planejamento.

Alguns pontos a serem sempre considerados na elaboração do planejamento estratégico dizem respeito à posição que a empresa almeja ocupar no futuro. O primeiro item a ser pensado e colocado em prática é a inserção dela no contexto global. Quando pensamos em *cenários globais*, consideramos clientes, fornecedores e concorrentes em qualquer lugar do mundo; assim, é preciso estabelecer objetivos e metas para esse ambiente. Também é necessário inserir na elaboração do planejamento uma visão sistêmica, em que a organização deve ser entendida como uma rede de processos decisórios e de informação, na qual os colaboradores podem e devem desenvolver o conhecimento referente às atividades que exercem e aos relacionamentos com clientes, fornecedores, parceiros etc.

Para que a gestão da organização seja sistêmica, é possível utilizar a intranet como ferramenta para disseminação e armazenamento de processos da empresa, que devem ser constantemente atualizados com todas as mudanças que ocorrem no empreendimento. A gestão dos processos do negócio tem um papel central no modelo de organização sistêmica, no qual novas competências são absorvidas pelo sistema por meio de um trabalho fundamentado nas atividades dos colaboradores, nos processos e na tecnologia da informação. A gestão do conhecimento também deve ser utilizada para que a empresa tenha a base de inteligência organizacional sempre à mão para o desenvolvimento de seu planejamento.

FIGURA 3.1 – Modelo de planejamento estratégico

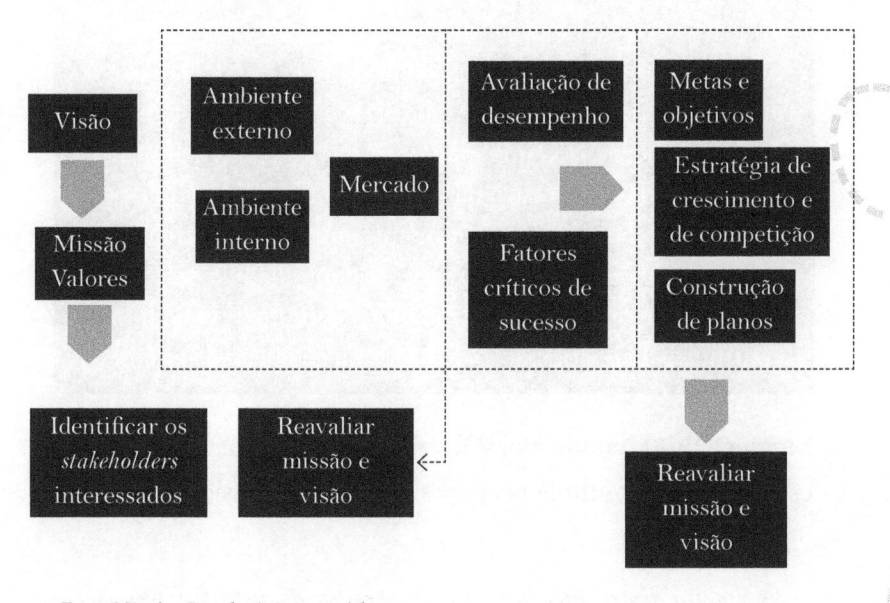

Fonte: Métodos Consultoria Empresarial, 2016.

Nesse modelo de planejamento estratégico, podemos perceber que muitas das informações devem ser elaboradas no início das atividades da organização, conforme as orientações no primeiro capítulo desta obra.

> Neste ponto do livro, cabe uma reflexão: no decorrer de nossa discussão, afirmamos que a empresa deve definir inicialmente sua visão e sua missão, determinar os tipos possíveis de *stakeholders* com os quais pode estabelecer parceria e, ainda, realizar a análise Swot de modo a identificar suas potências e fraquezas. E depois? Isso feito, todas essas informações não devem mais passar por revisão? É claro que devem! O empreendimento precisa desenvolver e monitorar seu desempenho sistêmico e analisar o trabalho dos gestores de acordo com as restrições decisórias que lhes são impostas, com o objetivo de reduzir gargalos identificados e, assim, aumentar o desempenho do negócio. Para isso, a empresa precisa desenvolver lideranças que participem de processos decisórios que tragam soluções para melhorar a *perfomance* da organização. Por meio da identificação de possíveis restrições, o empreendimento tem subsídios para planejar suas ações de curto prazo, enquanto os líderes podem prever direcionamentos estratégicos com foco na melhoria contínua e na participação de todos na evolução da empresa.

Steiner (1969, citado por Oliveira, 1996, p. 31, grifo nosso) estabelece cinco dimensões que devem ser consideradas para o planejamento:

> *primeira dimensão é aquela que corresponde ao* TEMA ABORDADO, *podendo este ser classificado em: produção, pesquisa, novos produtos, recursos humanos etc. A segunda dimensão que é considerada no planejamento é aquela que aborda os* ELEMENTOS DO

PLANEJAMENTO: objetivos, estratégias, políticas, normas, procedimentos, entre outros. Na terceira dimensão devemos considerar o TEMPO DO PLANEJAMENTO, que pode ser classificado como: curto, médio ou longo prazo. A quarta dimensão define quais são as UNIDADES ORGANIZACIONAIS QUE SERÃO ABORDADAS NO PLANEJAMENTO, podendo ser no âmbito corporativo, de filiais, de divisões, departamentos e até de produtos. Já a quinta e última dimensão trabalha as CARACTERÍSTICAS DO PLANEJAMENTO, que são representadas por abordagens distintas, considerando aspectos opostos como: complexidade ou simplicidade, qualidade ou quantidade, se é confidencial ou público, ainda pode ser estratégica ou tática e formal ou informal e econômica ou cara.

Outro princípio a ser considerado na elaboração do planejamento é a VISÃO DE PROCESSOS como a base da organização do trabalho na gestão sistêmica, orientando as pessoas no entendimento dos processos e no desenvolvimento de soluções. Nesse paradigma administrativo, os colaboradores devem ser estimulados a seguir as normas e a conhecer os processos, ao mesmo tempo que devem questionar os paradigmas existentes, de modo a encontrar soluções criativas para o desenvolvimento da empresa.

Não podemos nos esquecer das AÇÕES DE RESPONSABILIDADE SOCIAL – atividades com princípios éticos, que respeitem o meio ambiente e estimulem a promoção social de comunidades –, que devem estar presentes em qualquer planejamento estratégico empresarial, promovendo atitudes e criando valores organizacionais que têm como objetivo equilibrar a busca de resultados econômicos e financeiros e também para o bem da sociedade. A empresa precisa aceitar que iniciativas dessa natureza são fundamentais para a sobrevivência da organização no longo prazo, estendendo essa responsabilidade a todos os *players* envolvidos com o empreendimento. Essas ações devem ser sempre analisadas pela organização tendo em vista os ambientes geral e específico, pois é preciso conceber formas de atender às necessidades dos consumidores e da sociedade.

Segundo o Sebrae (2016), existem algumas ETAPAS NECESSÁRIAS PARA SE COLOCAR EM PRÁTICA O PLANEJAMENTO ESTRATÉGICO:

- DEFINIR O NEGÓCIO – Deve-se conferir um significado único às atividades da empresa, de modo a não permitir que ela seja percebida de forma imprecisa.

- DEFINIR A VISÃO DE FUTURO – É importante criar a imagem da empresa em um plano futuro ambicioso e desejável, associando essa imagem com a máxima satisfação dos clientes.

- DEFINIR A MISSÃO – É fundamental estabelecer inequivocadamente a missão da organização. Convém destacarmos que o termo *missão* vem do latim *mitere*, que significa "a que foi enviado"; portanto, é a razão de ser da empresa.

- DEFINIR VALORES OU PRINCÍPIOS FILOSÓFICOS DA EMPRESA – Trata-se de determinar as virtudes que regem as ações e decisões da empresa.

3.2

Benchmarking

Após a verificação do ambiente geral em que a organização está inserida, é necessário analisar o microambiente com base nas cinco forças de Porter. Uma ferramenta que pode ser aplicada para essa demanda é o *benchmarking*. Podemos presumir que o *benchmarking* tem uma origem antiga, se considerarmos o que afirma Sun Tzu no livro *A arte da guerra*, publicado em 500 a.C.:

> *Conhece teu inimigo e conhece-te a ti mesmo; se tiveres cem combates a travar, cem vezes serás vitorioso. Se ignoras teu inimigo e conheces a ti mesmo, tuas chances de perder e de ganhar serão idênticas. Se ignoras ao mesmo tempo teu inimigo e a ti mesmo, só contarás teus combates por tuas derrotas.* (Tzu, 2006, p. 23)

Podemos entender que este é o princípio do *benchmarking*: a necessidade de conhecer a própria empresa e a de seus concorrentes (inimigos) para que se possa competir de modo a conquistar vitórias.

Segundo Slack et al. (2002, p. 287),

> *o benchmarking preocupa-se, entre outras coisas, em analisar como vai a operação da empresa. Pode ser visto como uma abordagem para o estabelecimento de padrões de desempenho da empresa. Ele também se preocupa com pesquisa de novas ideias e práticas de mercado, que podem ser copiadas ou adaptadas pelas empresas. Por exemplo, um banco pode aprender com um supermercado como lidar com flutuações de demanda ao longo do dia.*

Segundo Araújo (2001), o *benchmarking* pode apresentar-se de três formas:

1. BENCHMARKING INTERNO – São as atividades similares desenvolvidas por departamentos, unidades e até sedes em países diferentes. Essa dinâmica ocorre quando uma unidade de uma empresa apresenta resultados muito superiores aos de outras, em virtude de práticas diferenciadas; nesse caso, o modelo de *benchmarking* interno deve ser incorporado em outras unidades

para que elas alcancem os mesmos resultados. As informações são facilmente obtidas e, em seguida, devem ser padronizadas.

2. BENCHMARKING COMPETITIVO – É utilizado quando concorrentes diretos vendem para um mesmo grupo de clientes; nesse caso, a empresa se concentra em obter dados importantes e reproduzir melhores práticas e tecnologias da concorrência, o que pode ser considerado extremamente antiético pelo fato de expor dados de consumidores.

3. BENCHMARKING FUNCIONAL OU GENÉRICO: Trata-se do modelo clássico de *benchmarking*, no qual as melhores práticas do mercado são pesquisadas, como vimos anteriormente. Para Araújo (2001, p. 72),

o benchmarking é uma ferramenta extremamente flexível, que pode ser incorporada em qualquer organização e deve ser utilizada como processo de investigação para explorar o desconhecido e converter o resultado em uma ação empreendedora. Ele consiste essencialmente em estimular a criatividade das empresas e proporcionar estímulos que permitam às operações da empresa entender como poderiam melhor realizar suas operações para atender os consumidores de maneira mais satisfatória.

O *benchmarking* é realizado em quatro etapas, de acordo com Thompson Junior e Strickland (2000):

1. IDENTIFICAR OS FATORES-CHAVE DE SUCESSO – Consiste em listar as principais atividades, processos e indicadores que serão avaliados em relação a outra empresa.

2. ESCOLHER AS EMPRESAS PARA A PESQUISA – Podem ser do mesmo setor ou de setores diferentes, desde que sejam

consideradas referência na atividade ou processo que será analisado.

3. FORMAR A EQUIPE DE BENCHMARKING – Deve ser prioritariamente composta por gestores e pessoas da área técnica ligados à área a ser analisada.

4. REALIZAR AS COMPARAÇÕES COM A OUTRA EMPRESA SELECIONADA – É necessário comparar o desempenho de cada um com base nos indicadores identificados.

Um dos estudos de caso sobre *benchmarking* mais notórios se refere à experiência da Xerox©, como descrita a seguir:

> Possivelmente a mais conhecida pioneira em *benchmarking* na Europa é a Rank Xerox, que criou o mercado de copiadoras. O monopólio virtual da empresa em seu setor quase se tornou ruína. Em 1980, a ameaça [...] das empresas copiadoras japonesas emergentes tornou-se clara. Um estudo em profundidade identificou que mudanças fundamentais eram necessárias. Para entender como isso deveria ocorrer, a empresa decidiu avaliar-se internamente – um processo que se tornou conhecido como *benchmarking competitivo*. Os resultados desse estudo chocaram a empresa. Seus rivais japoneses estavam vendendo máquinas pelo preço de custo da Xerox. Isso nem podia ser explicado por diferenças na qualidade. O estudo descobriu que, quando comparada com suas rivais japonesas, a Xerox tinha nove vezes mais fornecedores, estava rejeitando dez vezes mais máquinas na linha de produção e levando o dobro de tempo para colocar os produtos no mercado. O *benchmarking* também mostrou que a produtividade precisaria crescer 18% por ano durante cinco anos se quisesse alcançar seus rivais.

A Rank Xerox vê o *benchmarking* como uma ajuda no atingimento de dois objetivos. No nível estratégico, ajuda a estabelecer padrões de desempenho, enquanto no nível operacional ajuda a entender as melhores práticas e métodos de operação, que podem ajudá-la a atingir seus objetivos de desempenho. O processo de *benchmarking* desenvolvido pela Rank Xerox tem cinco fases. Sua experiência no uso dessa abordagem levou a Xerox a algumas conclusões:

- A primeira fase, planejamento, é crucial para o sucesso do processo todo. Um bom plano vai identificar um objetivo realístico para o estudo de *benchmarking*, atingível e claramente alinhado com as prioridades dos negócios.

- Um pré-requisito para o sucesso do *benchmarking* é compreender por completo seu próprio processo. Sem isso, é difícil comparar seu processo com o de outras empresas.

- Olhar para o que está disponível de imediato. Muitas informações já estão no domínio público. Balanços publicados, revistas, conferências e associações profissionais podem proporcionar informações que são úteis para os propósitos do *benchmarking*.

- Ser sensível ao pedir informações a outras empresas. A regra de ouro é "não faça nenhuma pergunta que você não gostaria que lhe fizessem".

Fonte: Slack et al., 2002, p. 594-595.

O exemplo de estratégias de *benchmarking* da Xerox© é notável. Uma empresa não deve simplesmente copiar aquilo que o concorrente faz, mas verificar os diferenciais das empresas líderes de mercado, bem como os fatores críticos de sucesso que poderiam ser adaptados para a realidade da organização. Isso é aplicar inteligência empresarial, e não simplesmente imitar o que os outros fazem.

3.3
Plano de ação

Existe uma definição de *planejamento* que não refere à reflexão sobre o futuro nem mesmo à tentativa de controlar o futuro, mas a como devemos colocá-lo em prática, ou seja, o planejamento é o PROCESSO. O planejamento estratégico, segundo Silva (2005, p. 342), "é um planejamento de longo prazo, elaborado pelo mais alto nível da organização. Isso inclui a definição dos objetivos e metas da organização", conforme vimos no início deste livro, assim como a previsão e a projeção dos recursos para que esses objetivos sejam atingidos. Quando conhece a si mesma, seu mercado mais próximo e o ambiente geral em que está inserida, a empresa pode definir o que Mintzberg (2004) chama de *mix estratégico*, que é constituído pelos 5 Ps DA ESTRATÉGIA:

1. PLANO – Podemos afirmar que a estratégia faz parte de um direcionamento ou guia de ação intencional, que deve conduzir os diferentes níveis e áreas da organização. Devemos entender a estratégia como um conjunto de planos elaborados antes das ações às quais ela se aplica, podendo ser desenvolvida consciente e intencionalmente.

2. PADRÃO – A estratégia de uma empresa pode advir de uma constância no comportamento organizacional e indicar um

padrão de continuidade. Assim, podemos considerar que a estratégia pode surgir intencionalmente ou não das próprias ações rotineiras da organização.

3. P*iège* (armadilha) – A estratégia atua como uma manobra para derrotar ou enfraquecer o concorrente, sendo aplicada como um instrumento para lidar com a competição no mercado.

4. Posição – Refere-se à ação de localização da empresa no seu meio ambiente, com o objetivo de melhorar sua posição competitiva. A estratégia, nesse ângulo, permite definir o local, dentro do macroambiente, em que a empresa deve concentrar seus esforços e recursos para a manutenção ou melhoria de sua posição no mercado.

5. Perspectiva – A estratégia é influenciada pela forma como a empresa e seus colaboradores percebem o ambiente, refletindo os valores, a cultura e as perspectivas partilhadas por todos, fator determinante na definição da estratégia.

Como um gestor pode, então, elaborar um planejamento estratégico para que a empresa implemente uma administração estratégica eficiente? *Planejamento*, como o próprio termo já indica, é um plano, que, para ser elaborado, precisa apresentar componentes específicos e um rumo para se tornar factível. É possível elaborar um plano por meio de um método utilizado para tomada de decisão, no qual devem ser considerados os seguintes elementos:

- Situação-problema – Primeiramente, é preciso determinar as mudanças necessárias na organização, bem como as dificuldades que ela enfrenta, seja internamente, com algum processo ineficiente, seja externamente, com seu posicionamento no mercado, a entrada de um novo competidor ou a expansão para um novo nicho. Em resumo, deve-se descobrir formas de atender às necessidades dos clientes e quais são as restrições impostas pelo mercado para isso.

- ALTERNATIVAS – Se há um problema, é necessário pensar nas possibilidades de melhorar o cenário atual. Alternativas e opções devem ser elencadas de modo que a empresa possa minimizar o problema e tentar melhorar seu posicionamento e seu atendimento às necessidades dos consumidores.

- PROBABILIDADE DE SUCESSO E GANHOS – São as variáveis que podem ser consideradas para as alternativas apresentadas, analisando-se os prós e contras de cada uma delas, para verificar as que apresentam maior possibilidade de sucesso.

- VALOR DAS ALTERNATIVAS – Considerando-se a possibilidade de sucesso e ganhos, é preciso, então, analisar o custo dessas alternativas, pois uma boa opção de mercado pode ter um custo que inviabilize o negócio.

- BALANCEAMENTO – Nada melhor que cruzar essas informações e identificar qual das alternativas pode gerar maior vantagem competitiva para a empresa.

- CURSO DE AÇÃO E META – Após escolhida a melhor alternativa para a solução do problema, é importante de formalizá-la por meio de um curso de ação para tomar as medidas de planejamento e obter, dentro de um prazo determinado, os resultados esperados.

Existe ainda a definição de *planejamento* como uma AÇÃO INTEGRADA. Segundo Mintzberg (2004, p. 26), "essa visão de planejamento nos conduz finalmente à esfera da elaboração da estratégia, pois esse processo também trata das inter-relações entre as decisões (importantes) em uma organização".

Segundo o portal da Endeavor (2014, grifo do original), "o início de todo PLANEJAMENTO ESTRATÉGICO passa por algumas definições simples: Quem somos? Qual a nossa missão? Qual a relevância do nosso negócio para o mercado? Afinal, aonde queremos chegar?".

> Com esses questionamentos em mente, é preciso considerar os principais atores envolvidos no planejamento e os responsáveis pelas análises que irão definir os rumos da empresa. Uma vez definidos os papéis de cada um, a organização deve repassar todas as informações necessárias para que as pessoas tenham uma visão mais completa do mercado. Os colaboradores relacionados devem ter condições de analisar o mercado, seu crescimento e desenvolvimento interno e externo. Compreender o mercado externo é tão importante para o planejamento quanto compreender internamente a organização, suas forças e fraquezas, para que o direcionamento do empreendimento possa ser potencializado.

Para isso, é necessário pensar como o planejamento articula todas as áreas da empresa a fim de combinar esforços para a elaboração e a execução da estratégia.

- LOGÍSTICA – É preciso compreender as ações de planejamento da empresa para os setores envolvidos na logística, seja quanto à entrega de insumos na empresa, seja quanto à distribuição de produtos finais. Além disso, deve-se levar em consideração os planos dos departamentos de armazenagem de produtos na produção e no ponto de venda.

- MARKETING E VENDAS – Referem-se a ações relacionadas a clientes e consumidores. Todo o planejamento deve considerar previsões do *Marketing* e como o Departamento de Vendas se posicionará para poder atender à demanda.

- PRODUÇÃO – O planejamento dessa área é dividido em Planejamento e Controle da Produção (PCP) e Plano Mestre de Produção (PMP), que não devem ser elaborados de maneira isolada, pois precisam considerar as previsões do Departamento de *Marketing* e a capacidade dos Departamentos de Compras e Logística de entregar os insumos para que a produção possa ser realizada.

- COMPRAS – É o departamento responsável por adquirir os insumos relacionados diretamente à produção e a materiais de escritório, limpeza, embalagens etc. A integração desse setor com outras áreas e departamentos da empresa é fundamental. O planejamento de compras é muito importante, pois é possível, muitas vezes, conseguir um melhor preço na aquisição de maiores quantidades de produto, mas, nesse caso, deve-se consultar primeiramente os Setores de Logística e Produção para se certificar de que isso não ocasionará maiores custos a essas áreas, em virtude da necessidade de manutenção de estoques.

- GESTÃO DE PESSOAS – É também um departamento integrado a todos os demais, pois é responsável pela contratação e treinamento de profissionais que tenham capacidade de trabalhar de maneira adequada e eficiente.

- FINANCEIRO – Esse setor acaba "pagando as contas" de todos os demais, por isso deve verificar e regular constantemente os gastos com produtos e serviços que não sejam essenciais e tentar equilibrar as finanças gerais da empresa.

> Como vimos anteriormente, todos os setores devem ser contemplados na elaboração do plano; porém, um departamento é considerado como chave nesse processo: o Departamento de Produção, que coloca em prática o planejamento da empresa. A produção deve desenvolver seus recursos de modo a permitir que a organização atinja seus objetivos estratégicos, bem como impulsionar a estratégia empresarial, dando-lhe vantagem competitiva em longo prazo. Produtos malfeitos, serviços realizados de forma relapsa, entregas demoradas e promessas não cumpridas, assim como variedade de produtos restrita ou valor elevado para a criação de serviços, podem levar qualquer organização à falência.

Mesmo que a produção tenha esse destaque, todos os setores devem ser envolvidos na elaboração do planejamento estratégico, integração que permite à empresa analisar os setores e desenvolver melhorias significativas para cada uma das áreas.

O planejamento de *marketing*, por exemplo, envolve o plano de preços e produtos, o plano de vendas, de distribuição e de pesquisas de mercado. Cada um desses planos irá compor o planejamento geral da organização e oferecer uma visão ampla sobre as áreas e suas inter-relações com os demais setores e sobre os pontos fortes e fracos de cada departamento. O planejamento de recursos humanos também é fundamental para o levantamento de informações como: análise dos ambientes interno e externo do RH, necessidades organizacionais que envolvem o departamento, plano de recrutamento e seleção, de treinamento, de cargos e salários, de promoções e de capacitação interna.

Para finalizar este capítulo, enfatizamos um elemento essencial do planejamento estratégico: o SUMÁRIO EXECUTIVO, que deve conter diversas questões e informações relacionadas ao atendimento das necessidades dos consumidores e do mercado. Apresentamos um exemplo a seguir.

SUMÁRIO EXECUTIVO DO PLANEJAMENTO ESTRATÉGICO

- Qual é a oportunidade de mercado?
- Que problema ou necessidade o produto (serviço/linha) vai solucionar?
- Que tendências ou mudanças criaram essa oportunidade?
- O que a empresa pode fazer agora que não podia ser feito antes?
- Como essa competência pode atender às necessidades do mercado?
- Qual é o tamanho do mercado para os produtos da empresa?
- Quão rapidamente o mercado poderá crescer?
- Quem são seus concorrentes?
- De que maneira a empresa pode atender o consumidor melhor que o concorrente (mais rápido, mais barato…)?

- Qual é a vantagem competitiva da empresa?
- Quais são as vendas, os lucros e o retorno sobre o investimento esperados?
- Que montante de capital a empresa espera levantar?

Como o sumário executivo será a parte lida do planejamento de estratégico, convém uma grande concentração de esforços em sua preparação.

Organização

- Quais são os executivos principais e quais são suas funções?
- O que eles já fizeram que possa sugerir que serão bem-sucedidos na empresa?
- Quem mais você precisa e como ele se encaixa em sua organização?
- Quem poderia convidá-lo para ingressar na empresa?
- Qual é seu plano de compensação salarial?
- Como sua empresa está estruturada para levar adiante sua estratégia?

Produtos e serviços

- Que tecnologia os produtos da empresa irão utilizar?
- Como essa tecnologia se compara com as tecnologias existentes?
- A tecnologia pertence à empresa?
- Se não, qual é a vantagem em desenvolvê-la?

- Qual é o plano para desenvolver as tecnologias e os produtos?
- Quando eles estarão completos?
- Quanto custará seu desenvolvimento?

OPORTUNIDADE DE MERCADO

- Qual é a necessidade de mercado que a empresa pretende atender?
- Que tendências e mudanças criaram essas necessidades?
- Como se espera que essa tendência continue?
- Quais são os clientes que a empresa espera atender?
- O que provocou essa necessidade para esses clientes?
- Como isso os afeta?
- Como isso varia nos diferentes segmentos de mercado?
- Que valor pode ser agregado por servir às necessidades dos clientes?
- Se o produto da empresa faz as coisas mais rapidamente, qual é o valor do tempo para os clientes?
- Se o produto é melhor, qual é o valor da qualidade para esses clientes?
- Quanto os clientes pagarão para ter suas necessidades atendidas?
- Qual é o tamanho do mercado para esses produtos ou serviços?
- Quão rápido é o crescimento esperado?

- O que está orientando o crescimento do mercado?
- Espera-se que continue?
- Por quê?

COMPETIÇÃO E ESTRATÉGIA

- Quais são os atuais e potenciais concorrentes?
- Que produtos eles comercializam?
- Quão grande eles são hoje e que fatia do mercado detêm?
- Quão rapidamente eles estão crescendo?
- Quais são suas forças e fraquezas básicas?
- Quais são as tecnologias aplicadas ou passíveis de desenvolvimento pela concorrência?
- Como a tecnologia da empresa se compara com a dos concorrentes?
- Como os produtos da empresa se comparam com os da concorrência?
- Serão eles de melhor qualidade, menor custo ou terão eles alguma outra vantagem?
- Como essa vantagem será mantida?
- Como a empresa posicionará seu produto ante a concorrência?
- Como será seu custo de distribuição?
- Que canais serão utilizados?

Projeções e retorno sobre o investimento

- Como a empresa espera recuperar o investimento que ela está realizando?
- Ela licenciará a tecnologia, produzirá, venderá os produtos e os distribuirá no mercado?
- Que estrutura de custos a empresa espera para desenvolver sua atividade?
- Quão rentável o negócio da empresa espera ser?
- Que montante de capital a empresa espera levantar agora?
- Quanto mais adiante?
- Quando a empresa espera tornar-se rentável?
- Qual é a taxa de retorno esperada?
- Como os investidores encontrarão liquidez para seus investimentos?
- Qual é a atual estrutura de controle acionário?
- Os investidores atuais farão novos aportes?
- Que premissas são utilizadas nas projeções financeiras?
- A qual delas o plano é altamente sensível?

Riscos

- Quais são os principais riscos de mercado? Como a empresa pretende minimizá-los?
- Quais são os principais riscos tecnológicos? Como a empresa pretende minimizá-los?
- Que outros riscos existem?

Fonte: Adaptado de Métodos Consultoria Empresarial, 2016.

> **Estudo de caso**
>
> Assista ao vídeo *A Casas Bahia demonstra o modelo*, de Clemente Nobrega, que trata do planejamento estratégico das Casas Bahia.
>
> NOBREGA, C. A **Casas Bahia demonstra o modelo**. 27 jun. 2012. Disponível em: <https://www.youtube.com/watch?v=5jPpUuKUsDQ&feature=plcp>. Acesso em: 31 jan. 2016.
>
> A proposta de valor apresentada no vídeo reflete claramente o que muitas empresas pretendem, mas não sabem expressar em ações para seus clientes, impedindo que seus colaboradores entendam o "espírito" da satisfação dos clientes, o que faz com que foquem seu trabalho apenas na venda de produtos, e não no atendimento dos sonhos dos consumidores. Esse tipo de proposta de valor poderia ser um exemplo de *benchmarking* a ser seguido por qualquer empresa de qualquer ramo, pois fazer com que o cliente se sinta especial é a melhor maneira de fidelizá-lo a sua marca. Assim, responda à seguinte pergunta:
>
> 1. Que mudanças você proporia para as empresas que apresentam essa dificuldade com seus colaboradores?

Síntese

O tema fundamental deste capítulo foi a elaboração do planejamento estratégico de uma empresa. Apresentamos a ferramenta denominada *benchmarking*, utilizada para que a organização possa conhecer e melhorar seus processos, avaliando-se internamente e verificando o contexto externo ao empreendimento, de modo a buscar melhorias a serem implantadas em sua administração estratégica. Demonstramos que todas as necessidades de departamentos internos do negócio devem receber especial atenção, para que seja possível elaborar e implementar o planejamento de maneira coerente com a missão e a visão de futuro da organização.

Questões para revisão

1. O diagnóstico estratégico é fundamental para que a empresa analise os aspectos do ambiente que podem influenciar na construção do planejamento estratégico. Quais são os aspectos que as organizações devem investigar?

    a. Aspectos socioculturais, legais, políticos, econômicos e tecnológicos.

    b. Aspectos socioculturais e psicológicos, concorrentes e fornecedores.

    c. Análise profunda dos pontos fortes e fracos dos concorrentes.

    d. Análise do cenário, antecipando oportunidades e evitando ameaças do mercado.

2. *Projeção, previsão* e *predição* são termos normalmente confundidos nas organizações. Assinale a alternativa em que a definição apresentada esteja correta:

    a. *Projeção* é um documento formal relacionado às informações e atividades desenvolvidas no processo de planejamento.

b. *Previsão* consiste na verificação de eventos que podem ocorrer, com base no registro de uma série de probabilidades.

c. *Projeção* corresponde à situação em que o futuro tende a ser igual ao passado, em sua estrutura básica.

d. *Predição* trata da correção de certas descontinuidades e desajustes entre a empresa e as forças externas relevantes.

3. Assinale a alternativa que apresenta as etapas necessárias para se colocar em prática o planejamento estratégico:

   a. Definir o mercado e o negócio, conhecer fornecedores e concorrentes e formalizar a empresa.

   b. Compreender os pontos fortes e fracos, as oportunidades e as ameaças e, então, criar a missão.

   c. Analisar o macro e o microambiente para estruturar o planejamento defensivo ou ofensivo, conforme a necessidade.

   d. Definir o negócio, a visão de futuro, a missão e os valores da organização.

4. Sabe-se que o *benchmarking* é usado para analisar melhores práticas e, assim, aprimorar os procedimentos da organização. Quais são os tipos de *benchmarking* existentes e suas características?

5. A importância da execução de um planejamento estratégico é inquestionável para qualquer empresa que tenha ambição de se estruturar para o presente e principalmente para o futuro. Explique a metodologia conhecida como *mix estratégico* proposta por Mintzberg (2004).

Questão para reflexão

1. Considere novamente as palavras de Sun Tzu (2006, p. 23):

    Conhece teu inimigo e conhece-te a ti mesmo; se tiveres cem combates a travar, cem vezes serás vitorioso. Se ignoras teu inimigo e conheces a ti mesmo, tuas chances de perder e de ganhar serão idênticas. Se ignoras ao mesmo tempo teu inimigo e a ti mesmo, só contarás teus combates por tuas derrotas.

    Essas recomendações podem ser utilizadas para a elaboração correta do *benchmarking*, mas também levam muitas empresas à espionagem industrial. Qual é sua opinião com relação à espionagem utilizada para apoiar uma análise de comparação de forças?

Para saber mais

Caso você queira se aprofundar no tema *planejamento*, apresentamos a seguir algumas indicações inspiradoras.

Filmes

A BATALHA de Mary Kay. Direção: Ed Gernon. Produção: Alliance Atlantis Communications; TurtleBack Productions. Canadá: CBS, 2002. 120 min.

APOLO 13: do desastre ao triunfo. Direção: Ron Howard. Produção: Universal Pictures; Imagine Entertainment. EUA: CIC Vídeo, 1995. 140 min.

Livros

TZU, S. **A arte da guerra**. Porto Alegre: L&PM Pocket, 2006.

MEIR, R.; DOMENEGHETTI, D. **Feitas para o cliente**: as verdadeiras lições das empresas feitas para vencer e durar no Brasil. São Paulo: Padrão Editorial, 2012.

capítulo 4*

Aplicação de estratégias

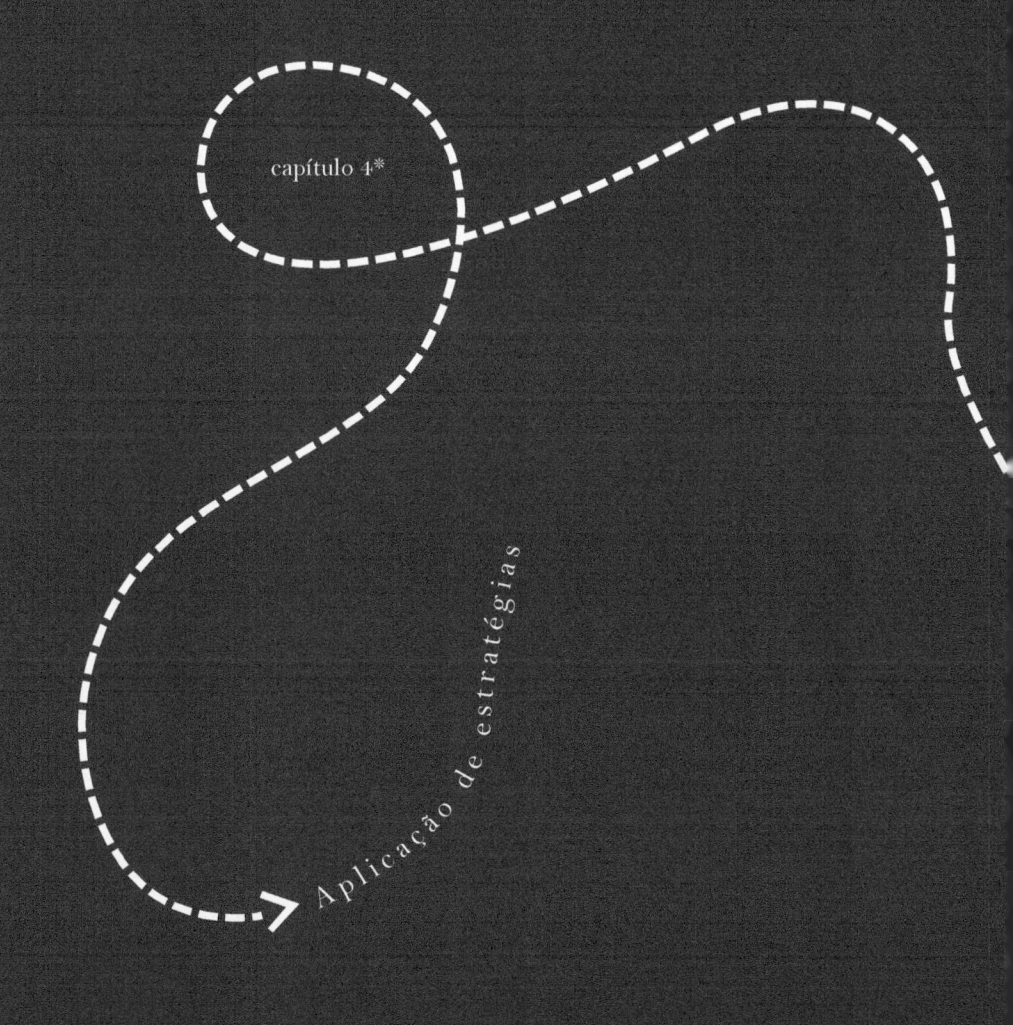

* Este capítulo foi elaborado com base em Souza (1999).

Conteúdos do capítulo:

- Modelos de classificação de estratégias organizacionais.
- Planejamento a longo prazo.
- Estratégias genéricas.
- Liderança no custo total.
- Estratégia de diferenciação.
- Estratégia de foco.

Após o estudo deste capítulo, você será capaz de:

1. compreender como as empresas definem e classificam suas estratégias genéricas;
2. aplicar as estratégias de liderança no custo total, de diferenciação e de foco, tendo em vista as aplicações, vantagens e desvantagens da utilização dessas linhas estratégicas.

4.1

Definição de estratégias

O profissional responsável pela elaboração do plano estratégico, que define o melhor posicionamento da empresa, deve considerar as seguintes possibilidades, segundo Torres et al. (2013):

- posicionar a empresa de maneira que suas capacidades proporcionem a melhor defesa contra as forças competitivas;
- influenciar o equilíbrio das forças mediante iniciativas estratégicas, de forma a melhorar a posição da empresa;
- antecipar mudanças nos fatores que podem impactar as forças da empresa e responder a eles, na expectativa de explorar a alteração, escolhendo a estratégia mais apropriada para o novo equilíbrio competitivo antes que os concorrentes possam se posicionar.

Tendo em vista as opções destacadas, as organizações têm à sua disposição algumas alternativas estratégicas, analisadas a seguir.

Estratégia de estabilidade

A empresa que opta pela estratégia de estabilidade prima pela manutenção das mesmas operações, produtos ou serviços sem crescimento representativo nas receitas ou no tamanho do empreendimento. Esse tipo de estratégia costuma ser utilizado por empresas de grande porte que dominam o mercado em que atuam, pois os investimentos em expansão podem ser excessivamente dispendiosos e não trazer resultados proporcionais em termos de lucratividade. Convém enfatizar que não se deve encarar essa linha estratégica como definitiva: em tempos de economia favorável, a empresa pode optar por um crescimento em determinada área; em tempos de crise, pode desinvestir em algum setor que não esteja trazendo resultados adequados.

Estratégias de crescimento

As estratégias de crescimento são as mais almejadas pela maioria das organizações, pois remetem a desenvolvimento, aumento nas vendas e nos lucros e maior participação no mercado. As estratégias de crescimento podem ser levadas a termo por meio do crescimento interno ou externo.

O CRESCIMENTO INTERNO é obtido por meio do aumento das vendas, da capacidade de produção ou da mão de obra. De acordo com Fernandes e Berton (2012), algumas empresas acreditam que esse tipo de crescimento preserva a cultura organizacional, a qualidade e a imagem da empresa. Em contrapartida, os investimentos e os custos são maiores que aqueles conseguidos em origens externas, como por financiamentos ou vendas de ações. As organizações devem, então, ponderar se essa opção proporcionará resultados melhores que os custos investidos.

Uma alternativa de CRESCIMENTO EXTERNO é a integração horizontal, que ocorre quando uma empresa adquire concorrentes de uma mesma linha de produtos ou serviços. Com esse tipo de aquisição, a empresa adquire maior porte no mercado, aumentando consequentemente suas vendas, seus lucros e sua participação no mercado.

> Exemplo: a Coca-Cola adquiriu empresas regionais no segmento de bebidas, como a Mate Leão (chás) e a Del Valle (sucos), tornando-se maior em um segmento no qual não tinha domínio.

Estratégias de diversificação

Outra forma de crescimento que os empreendimentos podem considerar é a diversificação, que ocorre por meio da entrada em outros ramos de negócio, que podem ser semelhantes (diversificação relacionada) ou ainda totalmente distintos (diversificação não relacionada) ao negócio atual da empresa.

A diversificação possibilita a criação de novos produtos e serviços para a organização, que devem ser mantidos pelo que Ansoff (1977) chama de *elo comum*, desenvolvido por meio do vetor de crescimento que viabiliza o desenvolvimento das empresas em determinado mercado.

> *O elo comum pode ser agressivo, exigindo que as novas linhas utilizem uma competência em que a empresa se destaca [...], ou pode ser defensivo, exigindo que as novas linhas forneçam alguma potencialidade chave de que a empresa carece. Pode, evidentemente, ser tanto agressivo quanto defensivo.* (Ansoff, 1977, p. 93)

Existem algumas razões pelas quais as organizações se diversificam, conforme Ansoff (1977):

- Quando seus objetivos não podem mais ser atingidos dentro do conjunto de produtos e mercados definido pela expansão.

- Quando buscam maior rentabilidade.

- Quando existem oportunidades de diversificação que prometem maior rentabilidade que a das oportunidades de expansão.

- Quando as informações disponíveis não são suficientemente confiáveis para uma comparação adequada entre expansão e diversificação.

Estratégias de expansão

As expansões podem ser promovidas por meio de fusões, aquisições, alianças estratégicas, diversificação concêntrica e formação de conglomerados.

As FUSÕES são promovidas com vistas à partilha ou transferência de recursos e ganho em força. As AQUISIÇÕES são realizadas com o objetivo de controlar outro(s) empreendimento(s), que pode(m) ter a razão social mantida ou a marca comprada.

> Exemplos: fusão entre a Sadia e a Perdigão para a criação da Brazil Foods e união das Casas Bahia com a Ponto Frio no setor de varejo de móveis e eletrodomésticos.

A formação de ALIANÇAS ESTRATÉGICAS consiste na busca de parceiros externos para melhorar a posição da empresa no mercado. As alianças são formadas por duas ou mais organizações para a realização de um projeto específico ou cooperação em determinada área, por tempo determinado ou indeterminado. Nesse caso, os empreendimentos parceiros partilham custos, riscos e benefícios advindos da exploração de novas oportunidades.

> Exemplos: *joint ventures*, franquias, licenciamentos, desenvolvimento de ações conjuntas na área de planejamento e desenvolvimento (P&D), consórcios.

As expansões por meio da DIVERSIFICAÇÃO CONCÊNTRICA ou da FORMAÇÃO DE CONGLOMERADOS se distinguem entre si em relação ao grau de sinergia referente à posição corrente da empresa. A diversificação concêntrica apresenta um elo comum com a empresa nas áreas de *marketing*, tecnologia ou ambas. A formação de conglomerados, por definição, não contempla nenhum tipo de elo comum. Ambos os modelos de expansão podem permitir o atingimento de todos os objetivos da empresa, embora, de acordo com Ansoff (1977), a escolha por uma estratégia concêntrica, em razão da existência de sinergia, possa ser mais favorável para a organização; muitas empresas, porém, seguem a opção da formação de conglomerados.

Porter (1991) observa a importância da ANÁLISE SWOT, independentemente da estratégia formulada, pois essa ferramenta considera os valores e a cultura da organização e a expectativa da sociedade:

> *Os pontos fortes e fracos, caracterizados pelo perfil de ativos, e a qualificação da empresa em relação à concorrência combinada aos valores pessoais de uma organização, motivações e necessidades de seus principais executivos, estabelecem seus limites internos. Os fatores externos, determinados pela indústria e seu ambiente, envolvem as ameaças e oportunidades da indústria e as expectativas da sociedade. "As ameaças e as oportunidades da indústria definem o meio competitivo, com seus riscos consequentes*

e *recompensas potenciais. As expectativas da sociedade refletem o impacto, sobre a companhia, de fatores como a política governamental, os interesses sociais e muitos outros." (Porter, 1985, p. 18).* (Souza, 1999, p. 23)

Analisando de maneira integral a empresa diversificada, Porter (1985) afirma que existem dois níveis de estratégias: as COMPETITIVAS, que são aquelas referentes às unidades de negócio, e as CORPORATIVAS, que tratam do chamado *grupo empresarial.* Para o autor, esse segundo nível é mais completo que a simples soma das unidades de negócio, pois estabelece o perfil competitivo da empresa. É necessário combinar as duas estratégias para que se possa chegar a uma combinação ideal de meios e fins utilizados pela organização para o atingimento de seus objetivos.

Se considerarmos, então, a abordagem estratégica corporativa, devemos pensar no ramo de negócios no qual a empresa pretende se posicionar e como irá integrar as mais diversas estratégias de todas as suas áreas de negócios. Para que possa, então, combinar suas estratégias, a organização deve considerar três premissas básicas:

1. compreender que a concorrência acontece e reage no nível das empresas;
2. entender que a integração de um grupo de empresas incorre em custos inevitáveis para todas as unidades da negócio de organização;
3. investir na distinção das estratégicas de negócios das unidades, as quais devem ser aprovadas pelos acionistas para que possam ser validadas.

A validação da estratégia voltada especificamente para a diversificação deve compreender os seguintes aspectos, segundo Porter (1989, citado por Souza, 1999, p. 23-24, grifo do original):

- *TESTE DE ATRATIVIDADE: o setor deve ser estruturalmente atraente, ou, pelo menos, potencialmente atraente, o que implica, normalmente, na existência de altas barreiras de entrada.*

- *TESTE DE CUSTO DE ENTRADA: os custos de entrada no negócio não podem pôr em risco sua rentabilidade futura; "... quanto mais atraente for o novo setor, mais alto será o custo de entrada" (Porter, 1997, p. 93).*

- *TESTE DE MELHORIA DA SITUAÇÃO: a nova empresa precisa obter uma vantagem competitiva quando integrar uma nova corporação, a qual deverá se beneficiar com a nova unidade de negócio.*

Em relação aos elementos citados, Porter (1989) propõe o estabelecimento de um conjunto de ações defensivas e ofensivas para que a organização se posicione contra a concorrência, utilizando seus pontos fortes e fracos determinados na análise Swot. As abordagens que podem ser aplicadas nas organizações são: POSICIONAMENTO, INFLUÊNCIA NO EQUILÍBRIO e EXPLORAÇÃO DA MUDANÇA.

O posicionamento tem como objetivo o ajuste da organização de acordo com o estabelecimento e a compreensão de seus pontos fortes e fracos. Ele pode ser definido pela implantação de defesas contra forças competitivas dos concorrentes ou como "a determinação de posições na indústria onde estas forças sejam mais fracas" (Porter, 1989, p. 45).

A abordagem definida como influência no equilíbrio pode ser implementada quando a empresa se posiciona de maneira defensiva. Seu principal objetivo não é apenas enfrentar as forças existentes, mas buscar alternativas para eliminar suas causas.

A abordagem da exploração da mudança pode ser associada à evolução da indústria, pois, quando o processo de evolução é compreendido, a organização torna-se capaz de predizer quais mudanças são importantes, pois "o custo de reagir estrategicamente aumenta em geral quando a necessidade de mudança se torna mais óbvia e a vantagem da melhor estratégia é maior para a primeira empresa a selecioná-la" (Porter, 1989, p. 156).

Além das três abordagens citadas, ainda podemos incorporar novas perspectivas no estudo das estratégias, a saber: estudo da integração vertical, as estratégias preemptivas, as estratégias defensivas e as alternativas estratégicas no declínio.

Estratégia de integração vertical

De acordo com Tachizawa e Rezende (2000, p. 97), "a estratégia de crescimento de uma empresa via integração vertical consiste em agregar fases ao seu processo produtivo, ampliando a quantidade de produtos ou processos intermediários, para uso próprio, que anteriormente eram manufaturados ou comercializados por terceiros". Segundo Porter (1991, p. 278), a integração vertical é definida como uma "combinação de processos de produção, distribuição, vendas e/ou outros processos econômicos tecnologicamente distintos dentro das fronteiras de uma mesma empresa".

> Portanto, trata-se de uma decisão em que a empresa opta por usar seus próprios recursos, em vez de realizar transações do mercado, para alcançar seus objetivos. Podemos afirmar que a principal posição da definição de uma estratégia de integração vertical considera os benefícios e os custos diretos e indiretos dessa integração, bem como sua influência sobre a organização. Para que essa abordagem seja mais bem aproveitada, é importante estabelecer a relação custo-benefício da realização da integração vertical e os fatores a serem considerados como prioritários para o empreendimento em questão.

Conforme Porter (1989), é preciso, primeiramente, considerar os benefícios tendo como parâmetro o volume de produtos ou serviços que a empresa transaciona com clientes e fornecedores, verificando-se o tamanho e a eficiência da instalação de produção nos estágios em que se encontram seus parceiros externos. Assim, são BENEFÍCIOS ESTRATÉGICOS DA INTEGRAÇÃO aqueles que incorrerem em economia para a empresa, como:

- operações combinadas;
- economias resultantes do controle e da coordenação da cadeia;

- as chamadas *economias de informação*;
- economias obtidas ao se evitar o mercado;
- economias promovidas por relacionamentos estáveis no mercado.

De acordo com Souza (1999), há ainda outros benefícios oriundos de possíveis integrações verticais, como:

- aprofundamento tecnológico;
- certeza de manutenção da oferta ou demanda, que, por sua vez, diminui a incerteza de seus efeitos sobre a organização;
- possível compensação do poder de negociações;
- maior habilidade em diversificar e eliminar barreiras de mobilidade e possíveis custos de entrada em um negócio com retorno mais alto;
- maior defesa contra a restrição do acesso a fornecedores e clientes.

O estudo da estratégia da integração vertical deve considerar ainda as modalidades de integração parcial e quase integração.

Quanto à integração parcial, trata-se de

> *uma integração reduzida para frente ou para trás, em que a empresa continua adquirindo o restante de suas necessidades no mercado aberto. Requer que a empresa esteja capacitada a mais do que apenas sustentar uma operação interna de dimensões eficientes, tendo ainda outras necessidades que são atendidas pelo mercado.* (Porter, 1989, p. 294)

A chamada *quase integração*, como o próprio nome já sugere, refere-se ao estabelecimento de uma forte relação em que os negócios estabelecem contratos em longo prazo e a propriedade integral desses vínculos. Podem ser apresentados das seguintes formas, de acordo com Souza (1999, p. 25): "investimentos em ações ou interesses minoritários; empréstimos ou garantias de empréstimos; créditos de pré-aquisição; acordos de exclusividade nas negociações; instalações logísticas especializadas; P&D cooperativos".

De acordo com Hill e Jones (2013), é importante perceber que cada fase da cadeia de valor agregado representa um ou mais setores independentes em que muitas empresas diferentes podem estar competindo. São quatro as principais fases de uma típica cadeia de integração, da matéria-prima ao consumidor.

A seguir, ilustramos as etapas referentes à abordagem de integração.

FIGURA 4.1 – Fases na cadeia de integração

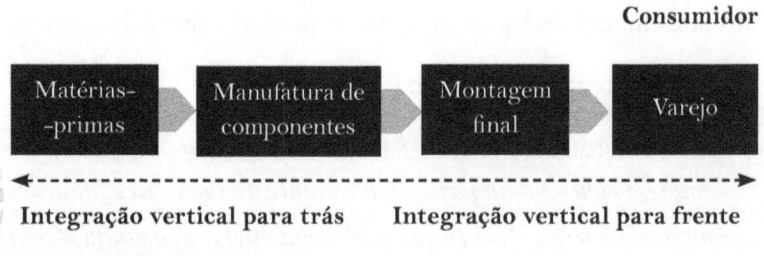

Consumidor

Matérias-primas → Manufatura de componentes → Montagem final → Varejo

← Integração vertical para trás — Integração vertical para frente →

Fonte: Porter, 1989, p. 293.

Para uma empresa de montagem, por exemplo, a integração para trás significa investir na produção de componentes ou, ainda, de matérias-primas, enquanto a integração para frente pressupõe a distribuição e as vendas do produto.

Estratégia preemptiva

A estratégia preemptiva de uma organização é aquela que estabelece a expansão de capacidade de um negócio em um mercado em crescimento (Porter, 1991). Como explica Souza (1999), as empresas têm como objetivo ampliar seus negócios, apossando-se de uma fatia maior de mercado com o intuito de desencorajar seus concorrentes a se expandirem e, assim, deter possíveis entradas. Essa estratégia requer, além de investimentos em instalações, capacidade extra por parte do empreendimento para suportar resultados financeiros nulos ou mesmo negativos no curto prazo. O principal risco consiste no comprometimento de recursos imediatos antes mesmo de os resultados do mercado serem conhecidos. Essa abordagem também indica um fracasso maior, caso não haja uma movimentação da concorrência para compensar os investimentos em capacidade e instalação realizados inicialmente.

Porter (1991) indica algumas condições para que esse tipo de estratégia tenha resultado satisfatório para as empresas:

- ampliação da expansão da capacidade em relação ao tamanho esperado do mercado;
- alavancagem de grandes economias de escala em relação à demanda total do mercado ou curvas de experiência significativas;
- necessidade de alta credibilidade da empresa preemptora;
- habilidade em sinalizar a motivação preemptiva, antecipando-se à concorrência nesse movimento;
- disposição dos concorrentes em retroceder.

Estratégias defensivas

Porter (1991) considera, no estudo das estratégias defensivas, o que ele chama de *movimentos defensivos*. De acordo com o autor, "uma boa defesa consiste em criar uma situação na qual os concorrentes [...], após testarem realmente um movimento, concluirão que ele é inconveniente" (Porter, 1991, p. 106). Em outras palavras, a melhor defesa é impedir a batalha e, para tanto, é necessário que o concorrente acredite que a empresa está disposta realmente a uma retaliação efetiva. "As empresas poderão obter êxito mediante qualquer uma dessas formas de estratégias corporativas, caso o papel da corporação e seus objetivos estejam claramente definidos" (Porter, 1991, p. 94).

Estratégias competitivas de Porter

As estratégias competitivas de Porter se relacionam à criação da vantagem competitiva em cada um dos ramos de negócios em que o grupo compete. São três as estratégias genéricas competitivas que podem ser utilizadas pelas empresas, de forma combinada ou isolada, para competirem em um mercado acirrado: liderança no custo total, diferenciação e foco.

Liderança no custo total

A estratégia de liderança no custo total ou liderança em custos tem como objetivo a obtenção de melhor desempenho que o dos concorrentes, considerando todas as ações para produzir produtos ou serviços a custos mais baixos que os da concorrência, o objetivo central de toda estratégia. Conforme Souza (1999), envolve um conjunto de políticas e ações da empresa voltadas à liderança em custos, como construção de instalações em escala eficiente, redução de custos pela experiência já adquirida em processos anteriores, controle rígido de custos e despesas operacionais, bem como redução e controle rígido de custos em todas as áreas. Essa liderança pode gerar flexibilidade na fixação de margens para os produtos da organização, o que, por sua vez, permite que o empreendimento se proteja das forças competitivas do setor.

> Um exemplo não muito antigo no Brasil é o da GOL Linhas Aéreas, que investiu em uma entrada de mercado baseada em uma estratégia por custo total. De maneira rápida e eficaz, a empresa conquistou o nicho das duas outras empresas comerciais que eram fortes no país – TAM e Varig. A organização realizou essa estratégia com a otimização das rotas aéreas, a utilização de sistema de vendas *on-line* e a redução dos serviços aéreos. A GOL conseguiu reduzir a quantidade de funcionários e os custos operacionais, como manutenção das aeronaves e pessoal em solo, posicionando-se como líder em custos na aviação comercial no país.

Ao chegar a custos mais baixos de produção em determinado setor, uma empresa tende a reduzir seus preços ou obter lucros maiores para investir em pesquisas e, assim, criar produtos novos e melhores. Os produtores que aderem a essa estratégia também consideram a política de economias de escala, pois, à medida que se produz mais, os custos por unidade também tendem a ser cada vez menores. Essa eficiência é quantificada pela chamada *curva de experiência*, cujo resultado indica a duplicação do volume acumulado de produção e a redução a uma porcentagem constante e previsível do custo de fabricação.

GRÁFICO 4.1 – Curva de experiência

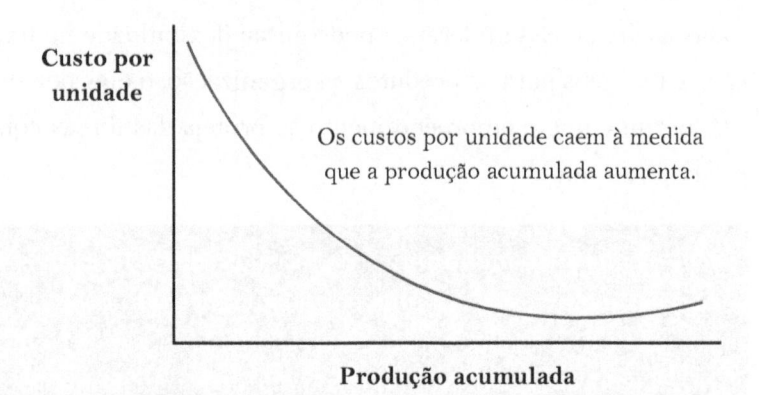

Custo por unidade

Os custos por unidade caem à medida que a produção acumulada aumenta.

Produção acumulada

Duas vantagens podem ser consideradas nessa estratégia:

1. Como a empresa tem custos baixos, pode ser mais lucrativa que seus concorrentes mais próximos.
2. Se a rivalidade no setor for grande e as empresas passarem a competir pelo preço, a empresa líder em custos terá maiores vantagens na competição.

Como explica Porter (1991, p. 50), "Atingir uma posição de custo total baixo quase sempre exige uma alta parcela de mercado relativa ou outras posições vantajosas, como acesso favorável às matérias-primas". O autor observa, ainda, que a implementação da estratégia de liderança em custo total pode exigir da empresa grandes investimentos em maquinário e equipamentos modernos, fixação de preços e, ainda, prejuízos iniciais para a sua consolidação do mercado. A organização também deverá investir constantemente em novos equipamentos e instalações, pois os concorrentes podem utilizar essa estratégia para tentar se igualar ao empreendimento que opta por essa forma de liderança.

Para Hill e Jones (2013, p. 187), a empresa líder em custos escolhe um nível baixo a moderado de diferenciação de produto, pois uma grande variedade de produtos certamente elevaria os custos, com mudanças de maquinário para a produção, embalagens diferenciadas, propagandas e distribuição. A líder em custos busca um nível de diferenciação que não seja nitidamente inferior ao de uma organização que aposta na diferenciação, mas que possa ser atingido a um baixo custo.

> Outro exemplo de empresa que adota a estratégia de liderança em custo é a BIC, fabricante das canetas mais conhecidas do mundo. Seu produto tem uma liderança de vendas incrível, ainda mais se considerarmos que o modelo atravessa gerações sem grandes mudanças, o que propicia para a empresa uma economia de custos com desenvolvimento, produção, maquinário e novos lançamentos.

Normalmente, as empresas que lideram por custos também ignoram os diferentes segmentos de mercado e posicionam seus produtos para que tenham apelo ao consumidor médio, pois atender às necessidades de diferentes segmentos acaba se tornando muito caro. Assim, mesmo que o cliente não esteja totalmente satisfeito com o produto, o fato de a empresa cobrar um preço menor que os concorrentes continua sendo atraente para seus consumidores.

Estratégia de diferenciação

Diferentemente da abordagem por enfoque em custos, a diferenciação consiste na criação de um produto ou serviço único no contexto de toda a indústria. As opções disponíveis são, entre outras, imagem ou projeto da marca, tecnologia, peculiaridades, serviço sob encomenda e rede de fornecedores. Na visão de Porter (1991, p. 52), "Em termos de ideais, a empresa se diferencia ao longo de várias dimensões".

> A diferenciação é o processo de criação de uma vantagem competitiva por meio do desenvolvimento de produtos ou serviços para satisfazer as necessidades dos clientes. Variando o grau de diferenciação, toda empresa pode se tornar única para o consumidor, aumentando sua vantagem competitiva. Por exemplo: quando pensamos em um carro levando em conta sua funcionalidade, vêm à mente inúmeros modelos, dos mais acessíveis aos mais caros. Agora, se quisermos nos diferenciar e pensar em um carro que transmite *status*, ou seja, que tenha altíssimo desempenho e luxo, o número de modelos disponíveis diminui significativamente. A montadora Ferrari, por exemplo, cria modelos que sugerem *status* àqueles que desejam adquirir carros dessa empresa, pois tal aquisição é uma realidade para alguns poucos indivíduos. Esse fato demonstra que os clientes das empresas que utilizam a estratégia de diferenciação estão, em geral, dispostos a pagar um preço maior por resultados diferenciados.

Segundo Hill e Jones (2013, p. 65),

> *uma empresa que adota uma estratégia de diferenciação luta para se distinguir no maior número possível de dimensões, assim quando menos se parecer com seus concorrentes, mais ela estará protegida da competição e maior será o seu apelo de mercado, o que acarretará no aumento de vendas para os clientes que busquem essas exatas especificações oferecidas pela empresa ou para alguns produtos.*

As empresas podem se utilizar de estratégias de diferenciação de diferentes formas:

- DIFERENCIAÇÃO DE PREÇO – Trata-se da maneira mais básica de diferenciação de um produto: a cobrança de preço baixo.

- DIFERENCIAÇÃO NA IMAGEM – Refere-se à criação, por meio *marketing*, de uma imagem para o produto, uma diferenciação que de outra forma não existiria.

- DIFERENCIAÇÃO DE SUPORTE – Consiste em uma opção mais visível, apesar de não ter efeito direto no produto. Acompanhando o produto, a empresa oferece base de suporte em caso de reparos, manutenção ou troca de produto

- DIFERENCIAÇÃO NA QUALIDADE – Define a fabricação de um produto melhor; não diferente, mas superior.

- DIFERENCIAÇÃO DE PROJETO – Busca a oferta de algo verdadeiramente diferente, que rompe com o projeto tradicional, se existir um.

- NÃO DIFERENCIAÇÃO: É a não existência de base de diferenciação como estratégia.

A diferenciação tem como princípio promover o isolamento da empresa contra seus adversários, tendo como destaque a lealdade do consumidor em relação à marca; portanto, uma consequente sensibilidade ao preço se torna quase que inexistente. Esse tipo de vantagem faz com que a empresa tenha um alto poder de barganha com seus fornecedores e barre a entrada de novos competidores, pois dificilmente conseguirão igualar-se à empresa que já tem clientes fiéis aos seus produtos. Segundo Wright, Parnell e Kroll (2007), as companhias que competem utilizando a estratégia de diferenciação são aquelas que procuram conquistar novas oportunidades de mercado e produto, ou, ainda, responder a esse mercado, mesmo que isso incorra em altos investimentos. Esse tipo de empresa valoriza seus investimentos em tecnologia para que possa sempre estar na ponta, desenvolvendo novas opções para seus mercados e clientes, bem como busca seu posicionamento pela estratégia de diferenciação e destaca-se possivelmente como *trade-off** com a posição de custos, em função dos custos e despesas envolvidos na busca da singularidade.

Geralmente, uma organização que busca a diferenciação escolhe segmentar seu mercado em vários nichos; em outras situações,

---

* "A expressão 'trade-off' é utilizada na literatura econômica para designar situações de escolha entre opções conflitantes. Assim, quando um governo, uma empresa ou uma dona de casa se depara com um cenário em que precisa decidir por uma das opções apresentadas abrindo mão das demais, eles estão diante de um trade-off" (Diogo, 2011).

o empreendimento oferece um produto diferenciado para cada um dos nichos de mercado e torna-se o que se chama *diferenciadora em larga escala*. Por exemplo: muitas empresas de eletroeletrônicos produzem vários tipos de produtos para todas as classes, objetivando ser dominantes em diferentes nichos. Entre elas está a Electrolux, que, para atingir diversos nichos de mercado, produz desde geladeiras simples, com uma porta, até modelos mais luxuosos, com tecnologia de ponta, que variam de preço e classe social.

> Um caso de empresa que investe em estratégia de diferenciação é a Apple©: a fim de se manter no mercado, a organização tem foco na inovação constante de seus produtos para que seus clientes, cujo perfil de consumo de tecnologias é alto, continuem consumindo produtos da marca.

Vejamos, então, alguns princípios que as empresas podem utilizar para diferenciar seus produtos, de modo a ganhar e manter seu espaço conquistado no mercado:

- DESEMPENHO TÉCNICO – Muitas empresas fabricantes e comercializadoras de produtos industriais primam por esse fator, pois um alto desempenho técnico justifica o preço superior. As organizações devem investir pesadamente em P&D e em matérias-primas de primeira qualidade, fatores que dão ao consumidor a certeza de que está adquirindo um produto que atenderá as suas necessidades em relação a esse requisito, no que diz respeito tanto ao *hardware* quanto ao *software*.

- DESIGN – O *design* do produto é uma das ferramentas utilizadas para a diferenciação de produtos, principalmente para aqueles bens de consumo em que se distinguem claramente os modelos de determinada marca. O *design* de um produto é algo subjetivo; assim, a empresa deve verificar com o público-alvo as características consideradas necessárias para que, então, possa desenvolver e lançar o produto no mercado. Os novos modelos sempre devem ter alguma mudança em seu *design* que provoque a nova aquisição pelos consumidores.

- OUTRAS CARACTERÍSTICAS FÍSICAS – Cores, tamanhos, gostos e cheiros são algumas das principais características físicas que as empresas utilizam como estratégia para diferenciar seus produtos, com o objetivo de poder aumentar o preço ou a fatia de mercado.

- EMBALAGEM – Para alguns produtos, a embalagem é muito mais que um simples invólucro que os protege, posto que é parte primordial da experiência de compra, em virtude do estímulo visual e tátil, fator importante para a aquisição de produtos.

- SERVIÇOS – A qualidade dos serviços prestados pelas empresas, principalmente produtores de bens industriais, é um fator determinante na hora da compra. Por isso, é importante vincular produtos a uma rede de serviços diferenciados.

- MARCA – Esse item é o mais claro de todos na diferenciação de produtos. Sua existência pode lhes conferir várias características de diferenciação e incentivar clientes a se tornarem seus fãs, reforçando o apelo da marca.

- VOLUME – Quando adota uma estratégia de preços diferenciados em função do volume adquirido pelos clientes, a empresa tem como objetivos:
    - oferecer vantagem competitiva aos que compram em grandes quantidades;
    - minimizar custos de produção, armazenamento e transporte;
    - influenciar o volume de pedidos, estimulando o atingimento de metas de produção e custos;
    - reduzir estoques parados de produtos.

A Apple© utiliza essa estratégia, pois, ao comprar um produto da empresa, o consumidor é induzido também a comprar outros aparelhos, aplicativos e serviços.

> Outro exemplo de empresa que trabalha com a estratégia de diferenciação é a Gillette®. A empresa atua no ramo de barbeadores e investe na área P&D, lançando frequentemente novos modelos que visam adaptar-se às necessidades dos consumidores.
>
> Com suas pesquisas, a empresa procura acrescentar a seus produtos características que os diferenciem de outros similares, preocupando-se não apenas com a estética, mas com a promoção de um melhor uso, sem cortes ou irritação na pele.

> Em geral, os produtos da Gillette® apresentam preço entre 30% e 60% superior ao da concorrência, mas mantêm-se estáveis no mercado de barbeadores do país. Isso é um resultado percebido pelos consumidores que procuram produtos de qualidade superior e normalmente não se importam em pagar mais por essa característica (Corrêa, 2008).

Estratégia de foco

Conforme Hill e Jones (2013), a terceira estratégia competitiva genérica difere das outras duas anteriormente analisadas principalmente pelo fato de se dirigir ao atendimento das necessidades de um grupo ou segmento limitado de consumidores. Essa estratégia se concentra em atender a um nicho específico de mercado, que pode ser definido geograficamente, por tipo de consumidores ou por um segmento da linha de produtos.

> As políticas funcionais para esse tipo de estratégia são desenvolvidas em função das especificidades do público-alvo da organização, que busca, dessa maneira, atender a seu alvo estratégico mais eficientemente que os concorrentes que competem de forma mais ampla. Conforme Porter (1991, p. 53), "o enfoque desenvolvido significa que a empresa tem uma posição de baixo custo com seu alvo estratégico, alta diferenciação, ou ambas", fatores que proporcionam defesas contra as forças competitivas. Como explica Souza (1999, p. 26-27), "A opção pela estratégia de enfoque, no entanto, implica algumas limitações na parcela total do mercado que pode ser atingida, bem como um necessário *trade-off* entre rentabilidade e volume de vendas".

Quando opta por utilizar a estratégia de foco para seu negócio central, a empresa deve se concentrar em seus produtos ou serviços, considerando a extensão dos mercados nos quais eles serão negociados. De um lado, a diferenciação relaciona-se com a orientação ao FORNECIMENTO, enquanto o foco considera a PERSPECTIVA DO CLIENTE, e seu objetivo é destacar-se e desenvolver-se apenas quando O CONSUMIDOR PERCEBE ALGUMA CARACTERÍSTICA DO PRODUTO QUE SE DESTACA E AGREGA VALOR (Mélo, 2007). Vejamos a seguir os diferentes tipos de estratégia de foco:

- ESTRATÉGIA SEM SEGMENTAÇÃO – Trata-se de um tipo de estratégia em que a organização tenta capturar uma grande porção de mercado com a configuração básica de um produto.

- ESTRATÉGIA DE SEGMENTAÇÃO – Apesar da limitação dessa estratégia, é possível, segundo Mintzberg (2004), distinguir um arranjo de uma segmentação simples até uma refinada. Algumas organizações objetivam atender a todo o segmento, ao passo que outras objetivam atender a determinada parte do segmento.

- ESTRATÉGIA DE NICHO – Concentra-se em um simples segmento.

- ESTRATÉGIA "POR ENCOMENDA" (*CUSTOMIZING STRATEGIES*) – É o caso-limite de segmentação, em que cada cliente é tratado separadamente como um segmento de mercado. Pode ser PURA, quando o produto para cada cliente é desenvolvido a partir do zero; SOB MEDIDA (*TAILORED CUSTOMIZATION*), quando um projeto básico é modificado, normalmente em um estágio de fabricação, para as necessidades específicas de um cliente; e PADRONIZADA (*STANDARDIZED*), em que o produto final é montado de acordo com os requisitos individuais de componentes padrões existentes.

As empresas que adotam esse tipo de estratégia por encomenda normalmente trabalham com clientes exclusivos e produtos customizados para aqueles que têm condições de pagar por eles. Exemplo: a montadora Ferrari dá aos seus clientes a oportunidade de escolher os opcionais-padrão da empresa ou customizar os itens de seu automóvel.

> Por princípio, uma empresa focada é especializada em diferenciação ou liderança em custos. Assim, se utiliza uma abordagem focada de baixo custo, a organização compete contra a líder em custos nos segmentos de mercado em que tem vantagens de custos; por outro lado, se o empreendimento adota a abordagem focada na diferenciação, então todos os meios de diferenciação estão à disposição da empresa com esse enfoque. Porter (1991) aborda os riscos relacionados ao uso das estratégias genéricas, os quais se referem à possibilidade de haver falha na tentativa de alcançar ou sustentar a estratégia ou, ainda, à possibilidade de que o valor proporcionado pela vantagem seja reduzido pela evolução da indústria.

Como vantagens da estratégia de foco, podemos afirmar que a concentração em uma gama pequena de produtos permite à empresa focada desenvolver algumas inovações mais rapidamente que uma empresa diferenciadora. No entanto, uma empresa focada não tenta atender a todos os segmentos de mercado, pois isso levaria a uma concorrência direta com a diferenciadora; assim, concentra-se em obter uma fatia de mercado ou, ainda, de pequenos segmentos e, naqueles em que for bem-sucedida, pode ir expandindo seus mercados e reduzir as vantagens competitivas da empresa diferenciadora em longo prazo.

Quanto aos riscos, podemos apontar, de acordo com Souza (1999, p. 27):

eliminação das vantagens de custo em atender um alvo estreito ou anulação da diferença alcançada pelo foco, pelo diferencial de custos entre os concorrentes de todo o mercado; redução nas diferenças dos produtos entre os alvos pretendidos e o mercado; desfocalização da empresa com estratégia de foco pelos concorrentes através atuação em submercados.

É fundamental ter consciência de que a estratégia é única, no sentido de que orienta as decisões, as prioridades e as iniciativas da empresa com seus clientes, fornecedores, parceiros e outros *stakeholders*. A estratégia, além de única, deve ser específica da empresa, considerando seus pontos fortes e fracos, bem como as oportunidades e as ameaças do mercado relacionado a essa organização.

Segundo Costa (2009, p. 22), a estratégia é racional, baseada principalmente em análise de fatos e números. Ela traça objetivos para o negócio e pode mudar com certa frequência, de acordo com as mudanças que podem ocorrer nos cenários. Faz-se necessário considerar a cultura da empresa, que, se for um ponto forte na estratégia, contribui para a realização de seus objetivos estratégicos; caso seja um ponto fraco, pode ser um obstáculo à adaptação a novas circunstâncias, quando as mudanças necessárias entram em conflito com a cultura organizacional. Assim, é preciso alinhar a cultura, a missão, a visão e os objetivos ao planejamento e verificar as melhores ferramentas que podem ser utilizadas para que a organização possa desenvolver uma estratégia eficaz e orientada para o sucesso.

ESTUDO DE CASO

TAM: A DIFERENCIAÇÃO COMO ESTRATÉGIA DE SOBREVIVÊNCIA

A trajetória da TAM é de forte crescimento, que levou a companhia, fundada em 1961, a obter cerca de 20% do mercado brasileiro de aviação civil em 2000 e, finalmente, à liderança absoluta desse mercado em 2007, em que atingiu mais de 50% de participação. Essa trajetória de crescimento foi marcada por uma oferta de serviços diferenciados dos seus competidores.

[...]

O início da década de 2000 foi de um começo difícil para a empresa. Em 2001 morreu o seu presidente e fundador, ao mesmo tempo que a GOL anunciou sua entrada na aviação nacional trazendo o conceito de "low cost, low fare" — um novo sistema de gerenciar despesas como maneira de oferecer preços mais baixos que estava mudando o panorama do mercado nos Estados Unidos e Europa. Outro fato relevante durante esse ano foram os atentados de 11 de setembro, que fizeram diminuir significativamente o número de viagens aéreas no período.

No entanto, com a entrada da GOL, o posicionamento de marca da TAM se tornou ainda mais diferenciado. Enquanto a TAM primava por oferecer "mais" aos seus consumidores que, por isso, estariam até dispostos a pagar um pouco mais, a GOL seguia pela via oposta: oferecer menos — um serviço mais simples — como forma de poder oferecer tarifas menores. Mesmo neste ano adverso, a TAM cresceu cerca de 31% em relação ao ano anterior, especialmente pela expansão de rotas e compra de aeronaves que já estavam previstas anteriormente. [...]

No entanto, apesar da liderança da TAM em relação ao share de mercado, vemos que a GOL foi a companhia que mais cresceu nos últimos anos no mercado doméstico, abocanhando a maior fatia da perda de mercado da Varig, que diminuiu suas operações a partir de 2005.

[...]

Fonte: Bedendo, 2010.

Nesse caso da TAM, podemos perceber que a estratégia de diferenciação sempre foi perseguida pela empresa, mesmo em momentos de crise. Nesse caso, propomos as seguintes questões:

1. Qual seria a estratégia adotada pelas outras grandes companhias aéreas que operam no Brasil, a GOL e a Azul?

2. Qual das estratégias você considera mais eficiente no mercado, que cada vez mais está operando internacionalmente?

Síntese

Apresentamos, neste capítulo, os principais modelos de estratégias que as empresas podem utilizar e suas características para aplicação de acordo com o propósito e os objetivos da organização. Demonstramos que, para isso, é preciso compreender primeiramente o objetivo da empresa, como a organização quer se posicionar no mercado, como quer ser vista pelos seus consumidores e concorrentes, para que, então, ela possa definir como irá se comportar e aplicar sua estratégia.

Questões para revisão

1. A diversificação pode ocorrer por meio da aquisição ou entrada em outros ramos de negócios, que podem ser semelhantes ou totalmente distintos do negócio atual da empresa. As razões pelas quais as organizações se diversificam são:

    a. Quando seus objetivos não podem mais ser atingidos dentro do conjunto de produtos e mercados definidos pela expansão.

    b. Quando buscam maior rentabilidade.

    c. Quando existem oportunidades de diversificação que prometem maior rentabilidade que a das oportunidades de expansão.

    d. Todas as alternativas anteriores estão corretas.

2. Alianças são a combinação de duas ou mais empresas para a realização de um projeto específico ou cooperação em

determinada área, podendo ser por tempo determinado ou indeterminado. Além das alianças estratégicas, outras formas de expansão com parceria com outras empresas são:

a. diversificação de produto e mercado.

b. diversificação concêntrica e conglomerados.

c. expansão comercial e divisional.

d. formação de estratégias operacionais.

3. A integração vertical ocorre quando uma empresa se associa a um fornecedor ou cliente para melhorar seus processos, considerando-se essa companhia externa como parte de suas operações, e não mais como uma organização externa. São modalidades desse tipo de integração:

a. integração vertical, parcial e quase integração.

b. integração vertical e horizontal.

c. integração horizontal, a montante e a jusante.

d. parcerias estratégicas, alianças e *joint ventures*.

4. A estratégia preemptiva requer que a empresa invista em instalações, além de capacidade extra para suportar resultados financeiros nulos ou mesmo negativos no curto prazo. Ela traz grandes vantagens para a organização que detém capital para se manter no curto prazo até que apresente resultados adequados. Quais são os principais problemas que uma empresa pode enfrentar quando assume esse tipo de estratégia?

5. A estratégia de liderança no custo total ou liderança em custos tem como objetivo a obtenção de melhor desempenho que o dos concorrentes, considerando todas as ações para elaborar produtos ou criar serviços a custos mais baixos que os dos concorrentes. Comente as principais vantagens que esse tipo de estratégia pode conferir às organizações.

Questão para reflexão

1. Em tempos de crise econômica, muitas empresas estão vislumbrando novas oportunidades de mercado para não passar por dificuldades ou ir à falência. O acesso ao MERCADO DE PRODUTOS USADOS é uma boa estratégia de liderança em custos, pois o consumidor não para de comprar e, ao mesmo tempo, pode economizar adquirindo produtos de segunda mão. Que outras estratégias você considera que as empresas podem adotar para conseguir vencer tempos de baixas vendas ou crise econômica?

Para saber mais

Caso você queira se aprofundar no tema *diferenciação de negócio*, verifique as sugestões apresentadas a seguir.

Filme

CHOCOLATE. Direção: Lasse Hallström. Produção: Miramax; David Brown Productions; Fat Tree. UK; USA: Miramax, 2000. 121 min.

Livros

KIM, W. C.; MAUBORGNE, R. **A estratégia do oceano azul**: como criar novos mercados e tornar a concorrência irrelevante. Rio de Janeiro: Campus, 2005.

GERSTNER, L. **Quem disse que os elefantes não dançam?**: os bastidores da recuperação da IBM. Rio de Janeiro: Campus Elsevier, 2003.

capítulo 5

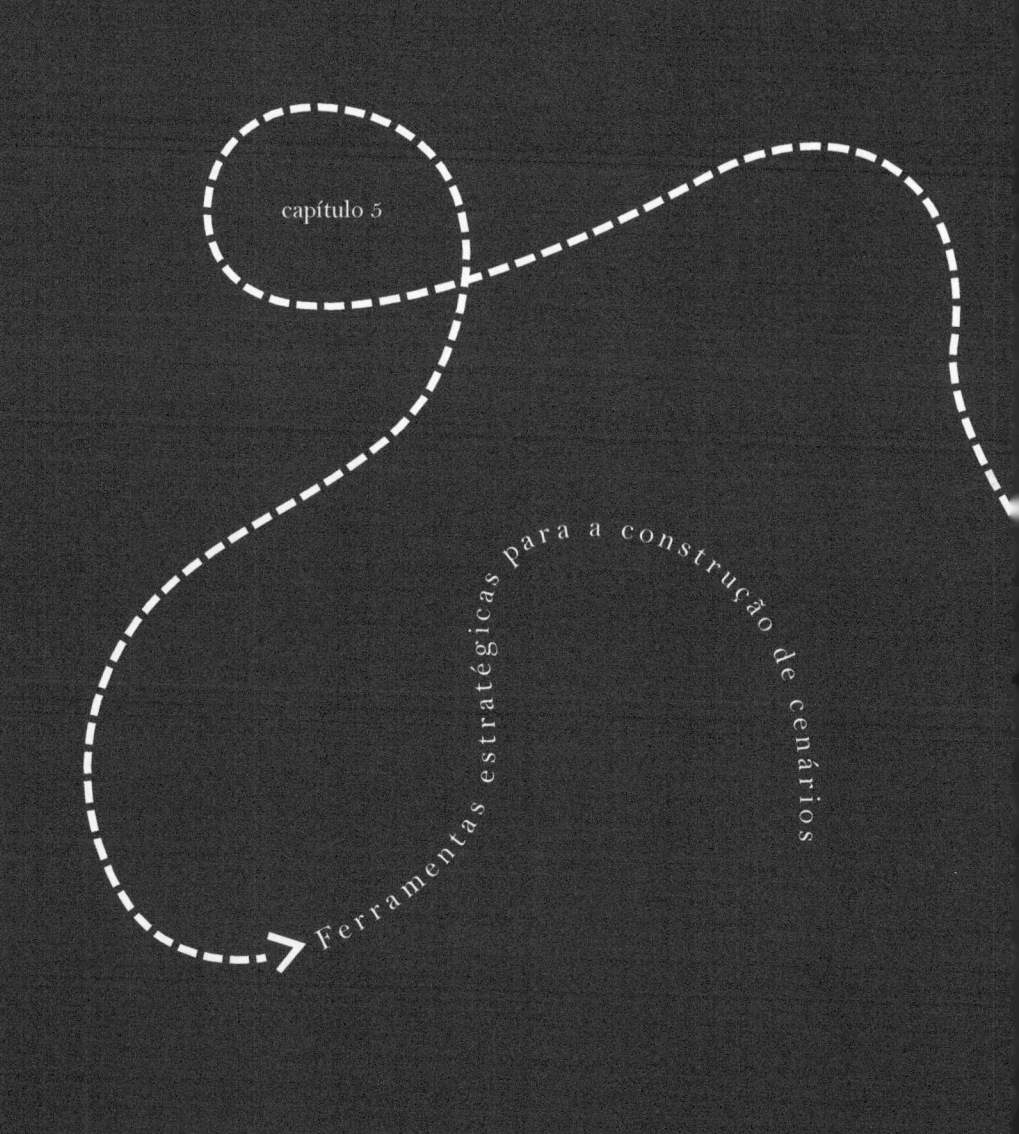

Ferramentas estratégicas para a construção de cenários

Conteúdos do capítulo:

- Ferramentas e métodos de construção de cenários largamente utilizados por empresas.

Após o estudo deste capítulo, você será capaz de:
1. entender o método GBN e os métodos de Michel Godet e de Michael Porter, bem como sua aplicabilidade para as estratégias organizacionais.

Segundo Tachizawa e Rezende (2000, p. 150), *cenários* são "previsões que se baseiam em um conjunto de hipóteses que, para fins práticos, são aceitas como dadas. Ao gestor caberia a decisão de reagir à ameaça ou oportunidade que esse desenvolvimento específico possa representar para a instituição".

As técnicas ou métodos mais aplicáveis em uma organização podem variar em função de alguns requisitos:

- TIPO DE ORGANIZAÇÃO – segmento econômico a que pertence a empresa.
- CONJUNTURA – momento pelo qual a organização está passando.
- ESTÁGIO DA ORGANIZAÇÃO – planejamento estratégico que pode variar do estágio de introdução ao de maturidade.

Vejamos, na sequência, alguns métodos e técnicas que podem ser utilizados pelas empresas para a previsão de cenários.

5.1

Método de Peter Schwartz, ou método da Global Business Network (GBN)

O primeiro método que vamos analisar é o da Global Business Network (GBN), empresa norte-americana que trabalha com a elaboração de cenários, fundada por Peter Schwartz em 1988. A metodologia estruturada pela organização para a definição de cenários prospectivos é constituída por oito etapas, conforme demonstra a Figura 5.1.

FIGURA 5.1 – Construção de cenários prospectivos

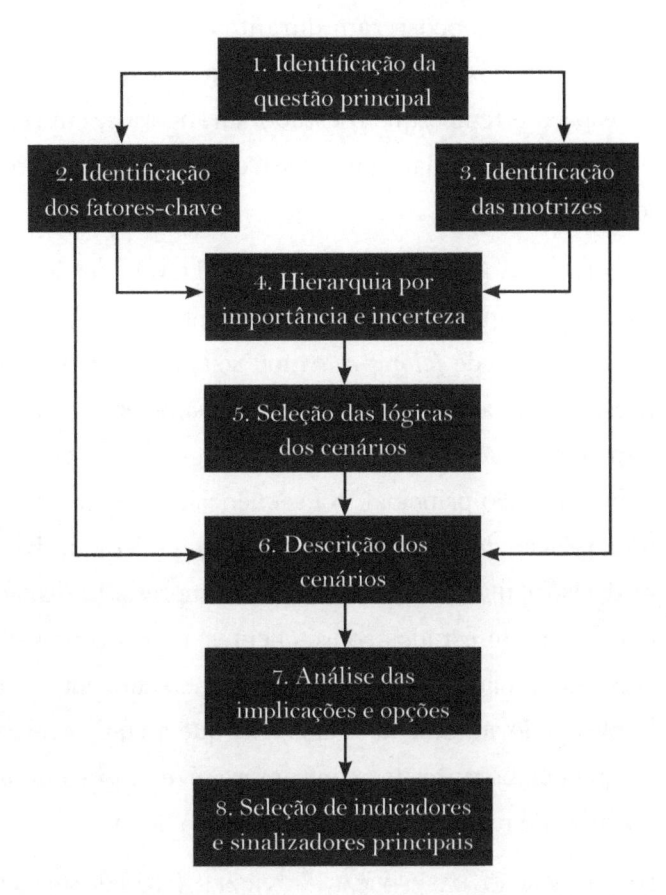

```
                    ┌─────────────────────┐
         ┌─────────▶│ 1. Identificação da │◀─────────┐
         │          │  questão principal  │          │
         │          └──────────┬──────────┘          │
         │           ┌─────────┴─────────┐           │
         │           ▼                   ▼           │
    ┌─────────────────┐            ┌─────────────────┐
    │ 2. Identificação│            │ 3. Identificação│
    │ dos fatores-chave│           │  das motrizes   │
    └────────┬────────┘            └────────┬────────┘
             │     ┌──────────────────┐     │
             └────▶│  4. Hierarquia por│◀────┘
                   │ importância e incerteza│
                   └──────────┬──────────┘
                              ▼
                   ┌─────────────────────┐
                   │ 5. Seleção das lógicas│
                   │    dos cenários     │
                   └──────────┬──────────┘
                              ▼
                   ┌─────────────────────┐
          ────────▶│  6. Descrição dos   │◀────────
                   │      cenários       │
                   └──────────┬──────────┘
                              ▼
                   ┌─────────────────────┐
                   │   7. Análise das    │
                   │ implicações e opções│
                   └──────────┬──────────┘
                              ▼
                   ┌─────────────────────┐
                   │8. Seleção de indicadores│
                   │ e sinalizadores principais│
                   └─────────────────────┘
```

Fonte: Schwartz, 2000, p. 20.

A seguir, descrevemos cada um desses passos para o desenvolvimento de cenários.

1. IDENTIFICAÇÃO DA QUESTÃO PRINCIPAL – Deve-se definir a questão estratégica motivadora para a construção de cenários alternativos. Muitas questões podem ser levantadas na organização com a utilização de entrevistas com

colaboradores envolvidos, bem como de análises ou de discussões que ocorreram durante a elaboração dos estudos de cenários. Na sequência, são definidas as dimensões de espaço e tempo que o estudo abrangerá e, em seguida, elabora-se uma relação de possíveis consequências para o longo prazo.

2. IDENTIFICAÇÃO DOS FATORES-CHAVE – Devem ser identificadas as principais forças do ambiente, que também podem ser chamadas de *fatores-chave*, ou seja, as principais forças presentes no ambiente interno (microambiente) e que estejam relacionadas com o ramo de negócios da empresa e com a questão principal. Na sequência, deve ser elaborada uma relação dos principais fatores que poderão influenciar as decisões que serão tomadas pela empresa. Esses fatores consistem em estudos sobre clientes, concorrentes, fornecedores, tamanho e crescimento do mercado, entre outros. Para esse levantamento, sugere-se que a equipe responsável pela elaboração dos cenários realize sessões de *brainstorming* de modo a favorecer a geração de ideias.

3. IDENTIFICAÇÃO DAS FORÇAS MOTRIZES (MACROAMBIENTE) – Após o levantamento das forças do microambiente, a mesma ação deve ser realizada para o macroambiente. A identificação dessas forças é mais complexa, mas gera um grande impacto no diagnóstico da questão principal e dos fatores-chave definidos. Podemos afirmar que essas forças são os elementos que mobilizam o enredo de um cenário. Sua identificação deve ser realizada com base na

questão principal, em que devem ser considerados os fatores sociais, econômicos, políticos, ambientais e tecnológicos do ambiente, que, por sua vez, devem ser relacionados às forças do microambiente. Em seguida, deve-se determinar como as forças se combinam e avaliar seus respectivos impactos.

4. HIERARQUIA POR IMPORTÂNCIA E INCERTEZA – Após a identificação e exploração das forças motrizes, o próximo passo é separar os elementos predeterminados dos que são consideradas incertezas críticas. Deve-se analisar a lista de forças motrizes levantadas e classificá-las em elementos predeterminados e variáveis de incerteza. Uma das possibilidades sugeridas é que as empresas selecionem apenas duas ou três variáveis, classificadas como mais incertas e mais importantes para facilitar a identificação da lógica dos cenários.

5. SELEÇÃO DAS LÓGICAS DOS CENÁRIOS – Essa seleção inicia-se com a análise do comportamento daquelas variáveis que foram classificadas como incertezas críticas, que devem ser posicionadas nos eixos ao longo dos quais os cenários serão elaborados. Segundo o modelo, diversos eixos devem ser avaliados e testados e, somente após a verificação de várias possibilidades, a empresa deve decidir com que eixos irá trabalhar. A lógica de um cenário deve ser baseada pela localização na matriz das forças que são mais significativas no cenário. Para que a lógica dos cenários possa ser determinada, podem novamente ser realizadas sessões de *brainstorming*, com o objetivo de identificar os conceitos centrais de cada um dos quadrantes.

6. DESCRIÇÃO DOS CENÁRIOS – Deve-se retornar à lista de fatores e tendências principais, definidos nas etapas 2 e 3. Os cenários devem ser apresentados em forma narrativa e explicados detalhadamente para todos os participantes, demonstrando-se, segundo Schwartz (2000, p. 97), "como o mundo evoluiu durante o horizonte de tempo preestabelecido". Após a elaboração desses cenários, deve-se retornar à questão principal e verificar as implicações de cada um dos cenários descritos para, então, definir a solução mais adequada a cada um dos cenários e se as estratégias da organização devem ser modificadas.

7. ANÁLISE DAS IMPLICAÇÕES E OPÇÕES – Após a descrição dos cenários, é necessário retornar à questão principal e confirmar nos cenários distintos as implicações de cada decisão, bem como os pontos vulneráveis e as oportunidades existentes. Nesse momento, é preciso prever a situação da organização em cada um dos mundos apresentados pelos cenários e identificar as decisões a serem tomadas em cada enredo previsto ou, então, optar por uma estratégia mais robusta, que preveja ações que poderiam ser aplicadas eficazmente em qualquer enredo.

8. SELEÇÃO DE INDICADORES E SINALIZADORES PRINCIPAIS – Nesta última fase do processo, deve-se selecionar os indicadores e os sinalizadores com o objetivo de possibilitar um monitoramento contínuo. Schwartz (2000, p. 23) comenta que "esta última fase demonstra o outro lado da relação existente entre a inteligência competitiva e os cenários prospectivos".

A construção de indicadores baseados no conceito de *cenários* possibilita que a organização selecione as variáveis que deve monitorar e verifique o impacto que podem causar na instituição e seus possíveis comportamentos. O monitoramento dessas variáveis que utilizam cenários construídos permite que a empresa perceba mudanças ambientais, ação que facilita mudanças de estratégia antes da concretização de um novo cenário, bem como a previsão de mudanças no mercado de maneira a tirar proveito do futuro.

5.2
Método de previsão de cenários de Michel Godet

Segundo Ribeiro (2012), o método do economista francês Michel Godet é fundamentado no levantamento e projeção de algumas variáveis-chave referentes a cenários e a atores relacionados a essas variáveis – os *stakeholders*.

Ainda conforme Ribeiro (2012), a interação e as relações de força entre os atores e as variáveis formam a dinâmica em direção aos possíveis cenários futuros. A descrição desses cenários previstos é baseada na evolução mais provável das variáveis-chave e no comportamento dos atores.

O método de Godet é composto de seis etapas, demonstradas na Figura 5.2 e descritas na sequência.

FIGURA 5.2 – Método Godet

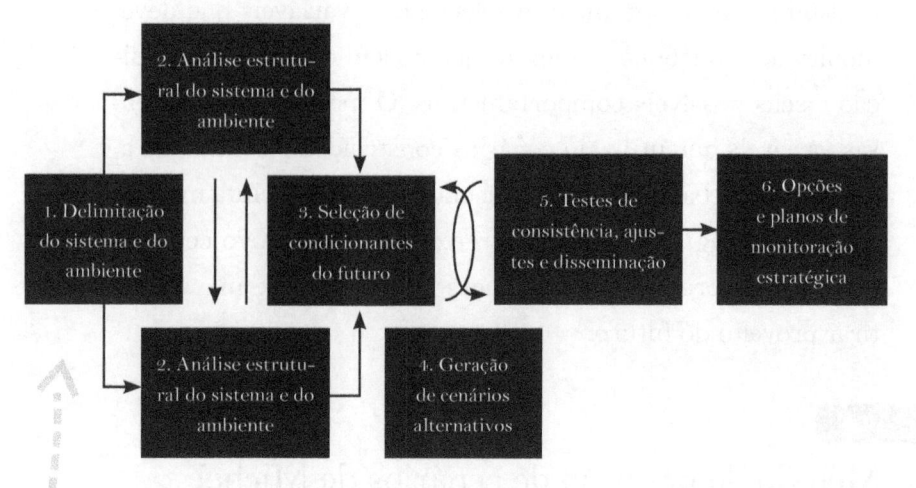

```
                    ┌──────────────────┐
                    │ 2. Análise estru-│
              ┌────▶│ tural do sistema │────┐
              │     │    e do ambiente │    │
              │     └──────────────────┘    │
              │              │              ▼
┌─────────────┐     ┌──────────────┐   ┌──────────────┐   ┌──────────────┐
│1. Delimitação│    │ 3. Seleção de│   │  5. Testes de│   │  6. Opções   │
│do sistema e  │───▶│condicionantes│──▶│consistência, │──▶│ e planos de  │
│  do ambiente │    │  do futuro   │   │ajustes e dis-│   │ monitoração  │
└─────────────┘     └──────────────┘   │  seminação   │   │  estratégica │
       │                   ▲           └──────────────┘   └──────────────┘
       │                   │
       │            ┌──────────────┐   ┌──────────────┐
       │            │ 2. Análise   │   │ 4. Geração   │
       └───────────▶│ estrutural do│──▶│ de cenários  │
                    │sistema e do  │   │ alternativos │
                    │   ambiente   │   └──────────────┘
                    └──────────────┘
```

Fonte: Adaptado de Ribeiro, 2012, p. 148.

1. DELIMITAÇÃO DO SISTEMA E DO AMBIENTE – Deve-se delimitar o sistema pelo objeto de estudo, pelo horizonte temporal e pela área geográfica.

2. ANÁLISE ESTRUTURAL DO SISTEMA E DO AMBIENTE – É preciso elaborar uma lista prévia das variáveis relevantes no sistema e os principais atores. Para a realização desse levantamento, pode-se utilizar o *brainstorming*. Em seguida, cruzam-se as variáveis para identificar a influência que exercem mutuamente, utilizando-se uma matriz de análise estrutural dessas variáveis.

3. SELEÇÃO DAS CONDICIONANTES DO FUTURO – Com base nas análises levantadas, obtêm-se como resultado as condicionantes do futuro, relacionando as tendências de peso, os fatos portadores de futuro, os fatores predeterminados, as variantes e as alianças existentes entre os atores.

4. Geração de cenários alternativos – Neste momento, é necessário elaborar os cenários propriamente ditos, considerando-se as variáveis-chave, as tendências de peso, as estratégias dos atores e os fatos futuros identificados anteriormente.

5. Testes de consistência, ajustes e disseminação – Para que a coerência dos encaminhamentos entre as diferentes imagens seja assegurada, testes de consistência podem ser utilizados para verificar se, durante a descrição dos cenários, alguma das variáveis ou atores está se comportando de forma não coerente ou não consistente com a lógica estabelecida para cada cenário. Após a realização dessa atividade, devem ser feitos os ajustes necessários para manter a coerência da história prevista. Os cenários revisados devem ser então comunicados para todos na organização; assim, cada um terá ideia dos cenários que a empresa pode enfrentar e dos objetivos que ela pretende atingir.

6. Opções e planos de monitoração estratégica – Os cenários revisados e comunicados devem servir de base para a elaboração das opções estratégicas e dos planos de elaboração estratégica. Devem ser considerados e analisados os pontos fortes e fracos da organização para os ambientes futuros.

A grande vantagem da utilização do método de Godet é a consideração dos *stakeholders* para a sua formulação, visto que eles são os principais agentes envolvidos no processo de implantação de uma estratégia nas empresas e, por isso, devem ser consultados na elaboração dos cenários.

5.3
Método de cenários de Michael Porter

Porter (1991) define *cenário* como uma visão internamente consistente daquilo que o futuro poderá revelar, ou seja, não se trata de uma previsão, mas de um eventual resultado futuro. O método de cenários de Porter tem a indústria como foco central para a elaboração de cenários desse setor. Segundo o autor, todo ramo industrial é regido por cinco forças que constituem a base para a definição da estratégia de uma empresa (conhecidas como *forças de Porter*):

1. a entrada de novos concorrentes;
2. as ameaças de produtos substitutos;
3. o poder de negociação dos compradores;
4. o poder de negociação dos fornecedores;
5. a rivalidade entre os concorrentes.

As incertezas relacionadas a qualquer uma das cinco forças competitivas são a base conceitual para a construção dos cenários industriais.

A metodologia de Porter é composta por sete etapas, em que se relacionam as variáveis do macro e do microambiente, que são analisadas de forma harmônica e interativa, explicitando o comportamento da concorrência. As fases do método de Porter estão representadas na Figura 5.3 e descritas na sequência.

FIGURA 5.3 – Metodologia de Porter

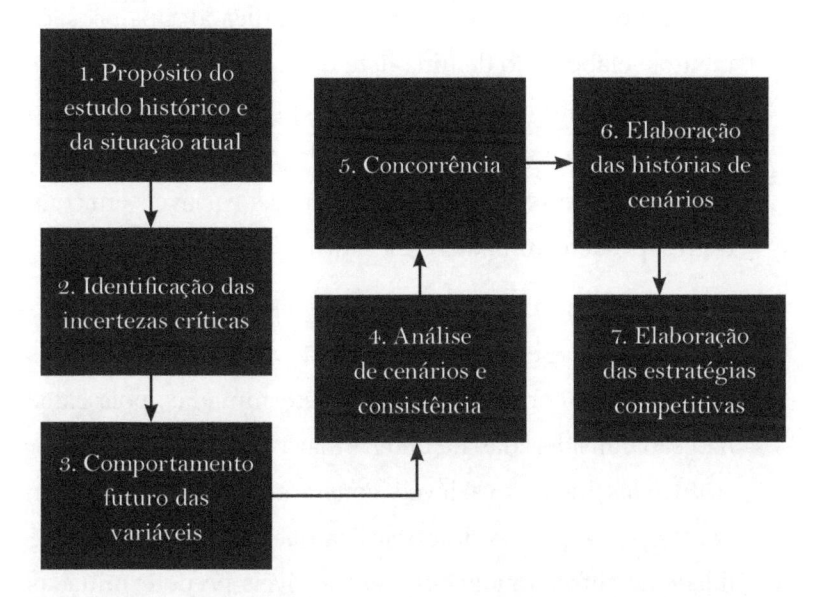

```
┌─────────────────┐                ┌─────────────────┐
│ 1. Propósito do │                │                 │
│ estudo histórico│                │ 6. Elaboração   │
│ e da situação   │    5. Concor-  │ das histórias   │
│ atual           │    rência  ──► │ de cenários     │
└────────┬────────┘                └─────────────────┘
         │                ▲                 │
         ▼                │                 ▼
┌─────────────────┐  ┌─────────────┐  ┌─────────────────┐
│ 2. Identificação│  │ 4. Análise  │  │ 7. Elaboração   │
│ das incertezas  │  │ de cenários │  │ das estratégias │
│ críticas        │  │ e consis-   │  │ competitivas    │
│                 │  │ tência      │  │                 │
└────────┬────────┘  └─────────────┘  └─────────────────┘
         │                ▲
         ▼                │
┌─────────────────┐       │
│ 3. Comportamento│───────┘
│ futuro das      │
│ variáveis       │
└─────────────────┘
```

Fonte: Adaptado de Porter, 1991, p. 101.

1. PROPÓSITO DO ESTUDO HISTÓRICO E DA SITUAÇÃO ATUAL – O processo inicia-se com a fixação dos propósitos do estudo, sua amplitude e ambiente temporal. Deve envolver um estudo histórico e da situação atual da estrutura da empresa, bem como sua análise para que o comportamento passado e atual da organização possa ser compreendido, de modo a facilitar o levantamento das incertezas que podem afetá-la.

2. IDENTIFICAÇÃO DAS INCERTEZAS CRÍTICAS – Para que as incertezas que envolvem a indústria possam ser identificadas, deve-se considerar um estudo aprofundado de sua estrutura.

Porter (1991, p. 102) entende que o reconhecimento das fontes de incerteza é difícil e, por isso, indica alguns procedimentos: elaboração de uma lista que contenha as variáveis potencialmente impactantes para empresa em um futuro próximo, bem como identificação do grau de incerteza das variáveis e, em seguida, classificação das variáveis em constantes, predeterminadas e incertas.

3. COMPORTAMENTO FUTURO DAS VARIÁVEIS – Inicia-se o processo de filtragem com a separação da lista de variáveis consideradas constantes das predeterminadas, pois estas não são consideradas na determinação de cenários. Porter (1991) classifica as variáveis constantes como aquelas formadas por aspectos da estrutura que têm pouca probabilidade de sofrer mudanças e as variáveis predeterminadas como áreas cuja estrutura tende a sofrer modificações, em grande parte previsíveis. Segundo Porter (1991, p. 112), para determinar os cenários, devem ser utilizadas apenas as variáveis incertas, ou seja, as "variáveis que constituem aspectos da estrutura futura que dependem de incertezas não solucionáveis, as quais determinam os cenários".

Para que as variáveis incertas sejam verificadas, podem ser consultados especialistas, e elas são, então, novamente classificadas em variáveis dependentes e independentes, conforme a identificação dos fatores causais dos elementos incertos.

4. ANÁLISE DE CENÁRIOS E CONSISTÊNCIA – Porter (1991, p. 105) afirma que

   é fundamental a elaboração de pelo menos um cenário em torno das suposições que refletem as convicções da gerência, pois isso confere credibilidade ao processo de construção de cenários. Após estes passos, deve ser realizada uma análise quanto à consistência desses possíveis cenários. Os cenários considerados inconsistentes devem ser excluídos e os consistentes devem ser levados a uma análise mais aprofundada, que considere o comportamento de cada variável, checando-a em relação às demais.

   Mesmo eliminando-se um grande número de possibilidades, o número de cenários restante ainda poderá ser muito grande. Para minimizar esse problema, Porter (1991) propõe que seja realizada uma análise detalhada dos diversos cenários quanto à determinação da sua estrutura futura, ao desenvolvimento das suas implicações para a atratividade industrial e à identificação das implicações do cenário para as fontes de vantagem competitiva, procurando-se, assim, a redução do número de incertezas.

5. ANÁLISE DA CONCORRÊNCIA – Após a grande redução de cenários internamente consistentes, deve-se incorporar o movimento da concorrência e suas implicações. Inicia-se, então, a identificação dos concorrentes e de seus comportamentos possíveis em cada cenário, com o levantamento de suas possíveis estratégias.

6. ELABORAÇÃO DAS HISTÓRIAS DE CENÁRIOS – As histórias de cada cenário devem conter a descrição detalhada do comportamento das variáveis incertas dependentes e independentes, das mudanças estruturais predeterminadas e dos elementos constantes da estrutura da indústria. Nessas histórias também são descritas as inter-relações dessas variáveis e são especificados todos os fatores causais.

7. ELABORAÇÃO DAS ESTRATÉGIAS COMPETITIVAS – Os cenários devem ser utilizados na elaboração da estratégia competitiva da empresa. Nesta fase, os dirigentes têm a oportunidade de vislumbrar a organização nos cenários possíveis para que possam definir as manobras que o empreendimento deverá executar a fim de criar seu futuro de maneira vantajosa no mercado.

Os três métodos podem ser utilizados por empresas de segmentos e portes variados. O que definirá a escolha é a facilidade de compreensão e aplicação das fases para a construção dos cenários e, então, seu acompanhamento. De nada adiantaria a empresa investir tempo e recursos para a previsão de cenários e não analisar fatores externos e necessidades dos *stakeholders* ou mesmo não utilizá-la futuramente para comparar a previsão com a realidade daquele período. Muitas empresas investem em tempos de crise para saber como irão sobreviver, porém, quando não se concretizam as previsões, acabam não utilizando os estudos para tomar outros caminhos e conseguir rever e planejar novamente novos cenários.

Estudos de caso

Cenários Competitivos: o caso Shell

No final da década de 90, auge do "boom" da criação dos negócios baseados na Internet, vivi situações onde precisei apresentar plano de negócios com planilhas financeiras a investidores. A abordagem de construção que usávamos seguia uma regra comum sobre previsão de vendas. Primeiro, apresentávamos um cenário pessimista, onde "quase" tudo poderia dar errado nas vendas, mas ainda assim o negócio sobreviveria; um segundo, onde supostamente a realidade seria dura, mas algum lucro justificaria os investimentos no médio prazo; e por último, o que todos piamente acreditavam, o cenário otimista, onde conseguiríamos fazer até IPO após alguns anos. Doce ilusão!

Naquele tempo, ainda antes do "estouro da bolha", o objetivo era sempre mostrar para os investidores que, de um jeito ou de outro, o negócio na Internet poderia dar certo. Apesar de termos tido sucesso e conseguido capital somente para tocar a empresa durante um ano, ela, como muitas outras na Internet, desapareceram quando tiveram que pôr a prova os números projetados no médio para o longo prazo.

Talvez, as nossas planilhas financeiras não fossem lá matematicamente tão ruins, fazendo um retrospecto da situação. O problema estava na fraca análise das variáveis de mercado, que viriam impactar no desempenho de vendas e, consequentemente, impedir a sobrevivência do negócio. Aprendi as duras custas, que fazer previsões de faturamento ou de resultados de vendas não são suficientes para dimensionar o impacto das mudanças de mercado nos negócios. É preciso mais. Porém, onde buscar?

Decisores buscam na construção de cenários a capacidade de visualizar possíveis incertezas no desenvolvimento de seus negócios. Assim, podem explorar meios de se prepararem para minimizar o impacto de tais "surpresas", caso realmente venham acontecer. Como não existe uma única resposta para a dinâmica de mercado, é necessário modelar um número de situações que ajudam na análise das oportunidades. À medida que o mercado envia sinais de mudanças, a empresa deve ser ágil o suficiente para ajustar suas operações às previsões formuladas. Se tais previsões impactarem de forma negativa é hora de revisar, por exemplo, a capacidade produtiva da empresa, tardar o lançamento de um novo produto ou, até mesmo, adiar aquele investimento para abertura de um novo mercado. Tudo dependerá de como a análise foi executada e que cenário foi desenhado para minimizar o impacto da mudança nos negócios.

Um caso emblemático no uso da análise de cenários foi durante os primeiros anos da década de 70, quando um time de profissionais da Royal Dutch/Shell, liderado por Pierre Wack, foi capaz de antever o impacto das mudanças no preço do petróleo influenciadas pelas decisões políticas dos países da OPEC (Organization of Petroleum Exporting Countries). O time de Wack desenhou dois cenários e suas respectivas histórias, no intuito de ilustrar como poderiam acontecer e quais as consequências para os negócios da Shell no mundo. O primeiro cenário construído mostrava uma situação onde os preços do petróleo permaneceriam relativamente estáveis, porém, para que isto ocorresse, a Shell teria que rapidamente buscar novos campos de petróleo que os existentes nos países árabes. Já o segundo, previa uma crise mundial no preço do petróleo sem precedentes e que via uma crise mundial no preço do petróleo sem precedentes e que seria gerada a partir de um retaliação política com impactos econômicos aos países ocidentais, principalmente os EUA, por terem apoiado Israel na guerra de 6 dias contra os árabes em 1967. O fato marcou de tal forma o sucesso da construção de cenários da Shell, que, mesmo com os acontecimentos da crise de petróleo e o choque de preços determinado pela OPEC, a empresa conseguiu antever as mudanças e tornar-se líder do setor após alguns anos.

Até hoje, a Shell utiliza os métodos de análise de cenários para desenvolver sua capacidade de evolução em seus mercados. Em seu website, a Shell tem vários documentos publicados sobre o assunto, além ter um relatório chamado *Shell Energy Scenarios to 2050*, onde apresenta suas previsões sobre o desafio do mundo em gerar energia limpa e diminuir a emissão de dióxido de carbono. Vale a pena conferir.

Fonte: Andrade, 2008.

Com base no *case* apresentado, propomos a seguinte atividade:

1. Imagine que você é um analista de cenários que trabalha para uma montadora de carros exatamente no ano de 2008, período de uma crise econômica de proporções mundiais. Suponhamos que a crise ainda não ocorreu, mas dá graves mostras de que tem grandes chances de acontecer, e a empresa para a qual você trabalha está em dúvida se mantém o negócio como está ou se lança uma nova linha de automóveis para conquistar um novo nicho. Pesquise na internet notícias relacionadas a essa crise e elabore dois cenários, como os propostos pela Shell.

Síntese

Neste capítulo, apresentamos três grandes modelos de construção de cenários para que as empresas possam fazer uma projeção futura do seu negócio e do comportamento do mercado e demonstramos como são fundamentais essas técnicas, pois, muitas vezes, o planejamento não abrange mudanças econômicas, sociais, de concorrência e outras que precisam ser consideradas pelas organizações. Essas ferramentas facilitam a construção de cenários e a proposição de alternativas para que as empresas se previnam e estejam aptas a se adaptarem a cenários mais positivos e também a mudanças negativas que possam ocorrer.

Questões para revisão

1. Michael Porter definiu *cenário* como uma visão internamente consistente daquilo que o futuro poderá revelar, ou seja, não se trata de uma previsão, mas de um eventual resultado futuro. Qual é o mercado-alvo do método dos cenários de Porter?

    a. Cenário comercial.

    b. Cenário internacional.

    c. Cenário industrial.

    d. Cenário regional.

2. Entende-se que o mercado é formado por cinco forças principais, que são a base para a construção de cenários. Quais são essas forças?

a. Oportunidades do ambiente externo; ameaças do mercado local; pontos fortes e fracos da empresa e dos concorrentes; fornecedores únicos e consumidores intolerantes.

b. Crise econômica; forças políticas; baixos investimentos; compras em lotes reduzidos; vendas por atacado.

c. Entrada de novos concorrentes; ameaças de produtos substitutos; poder de negociação dos compradores; poder de negociação dos fornecedores; rivalidade entre os concorrentes.

d. Aumento do número de concorrentes; formação de cartéis; clientes monopolistas; protecionismo do governo; compras de *commodities*.

3. Porter propõe em seu modelo a realização de uma análise detalhada dos diversos cenários quanto à determinação da sua estrutura futura, ao desenvolvimento das implicações do cenário para a atratividade industrial e à identificação das implicações do cenário para as fontes de vantagem competitiva, procurando-se, assim, a redução do número de incertezas. Quais são as duas últimas fases do modelo de Porter na construção de cenários?

    a. Elaboração das histórias de cenários e das estratégias competitivas.

    b. Revisão dos cenários possíveis e análise da concorrência.

    c. Projeção de novos cenários e planejamento do futuro.

    d. Negociação com concorrentes e aumento na participação de mercado.

4. O método da GBN é uma metodologia para a construção de cenários constituída por oito etapas. Cite essas etapas que compõem esse método e avalie suas vantagens e desvantagens.

5. O método de previsão de cenários de Godet é fundamentado no levantamento e na projeção de algumas variáveis-chave para cenários e nos atores que serão envolvidos com essas variáveis. Cite as seis etapas que compõem esse método e avalie suas vantagens e desvantagens.

Questão para reflexão

1. Como vimos ao longo deste capítulo, a construção de cenários é uma ferramenta importante para as organizações anteciparem de maneira estratégica suas ações no futuro, em caso de mudanças positivas ou negativas no ambiente. O Poder Público também deveria realizar esse tipo de estudo, iniciativa que evitaria diversas complicações a longo prazo, de modo a permitir maior estabilidade à economia. O grande problema que enfrentamos nesse setor é que o cenário previsto pelos governos é para apenas quatro anos, escolha que faz com que deixem de realizar muitas ações, pois não vislumbram a continuidade dos seus projetos. Que tipo de ação você sugere para que partidos e governantes implantem ferramentas de análise de cenários com maior propriedade e para um prazo mais extenso?

Para saber mais

Caso você queira se aprofundar no tema *planejamento estratégico*, confira as sugestões apresentadas a seguir.

Filme

VOLCANO. Direção: Mick Jackson. Produção: Twentieth Century Fox Film Corporation; Donner/Shuler-Donner Productions; Moritz Original. EUA: 20th Century Fox Film Corporation, 1997. 104 min.

Livros

RATTNER, H. **Estudos do futuro**: introdução à antecipação tecnológica e social. São Paulo: FGV, 1978.

SCHWARTZ, P. **A arte da visão de longo prazo**: planejando o futuro em um mundo de incertezas. Rio de Janeiro: Best Seller, 2000.

capítulo 6

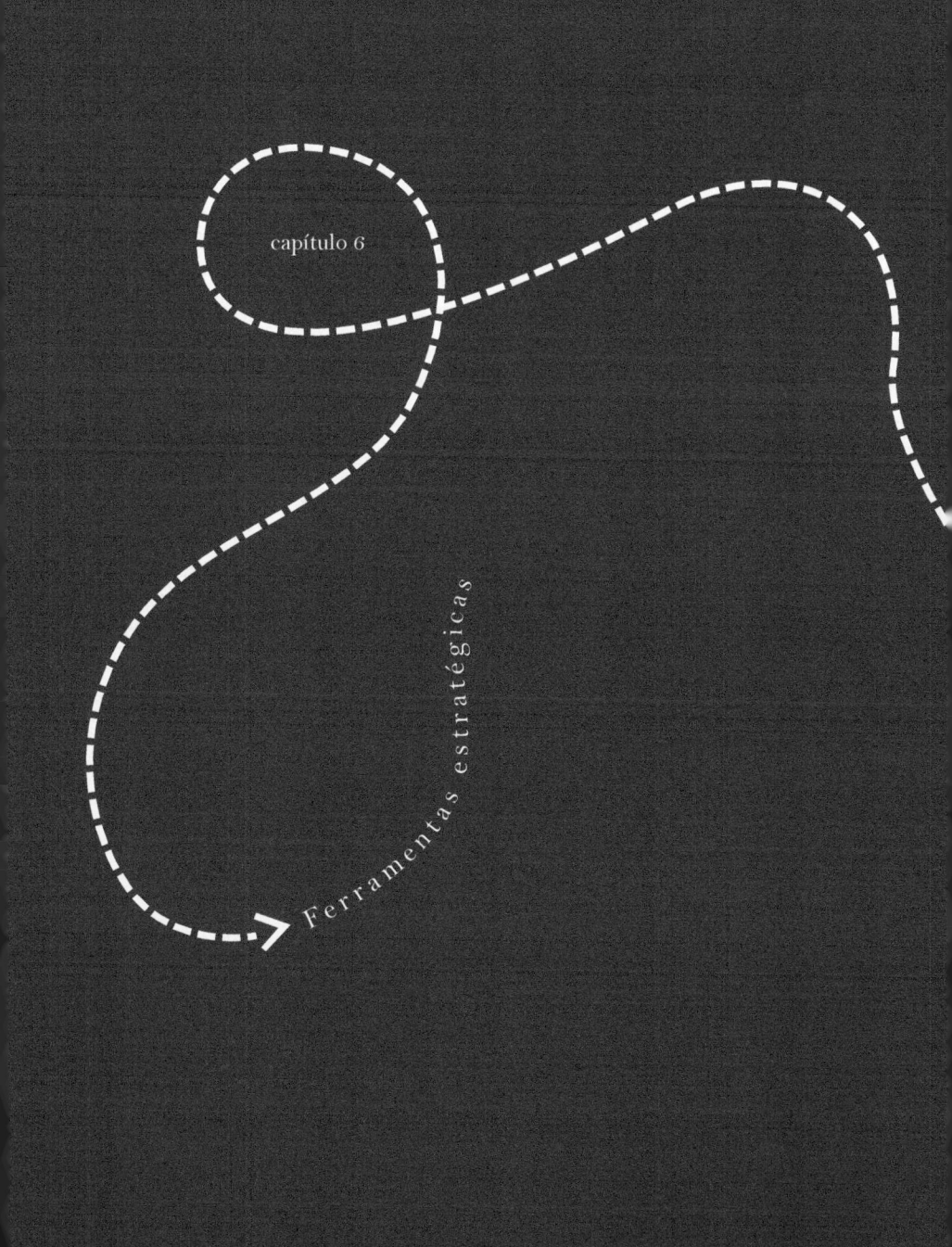

Ferramentas estratégicas

Conteúdos do capítulo:

- Matriz produto-mercado.
- Matriz BCG.
- Matriz GE.
- Matriz de parentesco.
- Matriz histórica.
- *Balanced scorecard.*

Após o estudo deste capítulo, você será capaz de:

1. compreender as características e aplicações das matrizes produto-mercado, BCG, GE, de parentesco e histórica e do *balanced scorecard*.

Neste capítulo, abordaremos algumas ferramentas muito utilizadas para o estabelecimento e o cumprimento de estratégias e planejamentos empresariais. Essas ferramentas são parte fundamental para estabelecer indicadores e acompanhar os objetivos e metas fixados no planejamento. Apresentaremos as principais ferramentas empregadas: matriz produto-mercado, matriz BCG, matriz GE, matriz de parentesco, matriz histórica e *balanced scorecard*. Nosso objetivo é demonstrar a aplicação dos recursos citados e sua importância na construção da estratégia do negócio.

6.1

Matriz produto-mercado

Com sua vasta experiência na Universidade de Carnegie-Mellon, Igor Ansoff realizou diversos estudos e percebeu que muitas empresas conseguiam formular boas estratégias, porém não conseguiam colocá-las em prática. A esse fenômeno o estudioso deu o nome de *paralisia por análise*. Por meio de várias pesquisas, Ansoff descobriu que, passada essa fase, os lucros da empresa aumentavam.

Essa foi a base para a elaboração, em 1957, da MATRIZ DE ANSOFF, também chamada de *matriz produto-mercado*, cuja aplicação se concentra na análise de oportunidades de crescimento de uma organização. Para isso, a análise é segmentada em produtos existentes e novos produtos, em mercados já existentes ou novos.

Segundo Ansoff e McDonnell (1993), após a Segunda Guerra Mundial, na década de 1950, as empresas começaram a se preocupar com o ambiente, ponderando se teriam condições ou não de atender à procura de mercado. A partir dessa percepção é que surgiu o planejamento estratégico, considerando-se que apenas elaborar estratégias não é garantia de sua eficácia, pois elas podem ou não ser implantadas e controladas.

Assim, a utilização da matriz produto-mercado tem como objetivo representar quatro diferentes estratégias de um negócio, divididas em duas dimensões, PRODUTO e MERCADO, a saber:

- *Penetração de mercado: consiste em buscar maiores vendas para os clientes atuais sem alterar os produtos já existentes, por meio de ações como redução de preços, incremento de propaganda e busca de maior exposição no mercado.*

- *Desenvolvimento de mercado: visa identificar e desenvolver novos mercados para os produtos da empresa que já existem. Podem ser utilizadas técnicas como mercados demográficos, geográficos ou institucionais.*

- *Desenvolvimento de produtos: a empresa procura oferecer novos produtos ou produtos diferenciados e modificados para os mercados onde já atua.*

- *Diversificação: a empresa busca iniciar ou comprar negócios diferentes de seus produtos ou mercados em que já atua. Ela pode, para isso, investir em comunicação e justificar a entrada desses novos produtos para ganhar credibilidade no mercado. É a estratégia mais arriscada da matriz.* (Fernandes; Berton, 2012, p. 72)

QUADRO 6.1 – Matriz produto-mercado

	Produtos atuais	Novos produtos
Mercados atuais	Penetração de mercado	Desenvolvimento de produtos
Mercados novos	Desenvolvimento de mercado	Diversificação

Fonte: Ansoff; McDonnell, 1993, p. 115.

Fernandes e Berton (2012) apresentam o conceito aplicado para os negócios, em que a organização pode posicionar um empreendimento em um novo mercado ou em um mercado no qual já está atuando. Assim, a matriz produto-mercado pode ser trabalhada em um nível mais abrangente. Ainda podemos considerar, conforme pesquisas futuras da matriz, uma posição intermediária, adaptada da matriz original, como demonstrado no Quadro 6.2.

QUADRO 6.2 – Matriz produto-mercado adaptada

Produtos				
	Novos	Desenvolvimento de produtos	–	Diversificação
	Relacionados	Aumento da linha de produtos	–	
	Atuais	Penetração de mercado	Expansão de mercado	Desenvolvimento de mercado
		Atuais	Relacionados	Novos
		Mercados		

Fonte: Ansoff; McDonnell, 1993, p. 117.

A adaptação da matriz produto-mercado, em que consideram produtos e mercados relacionados, é necessária para se formar uma visão intermediária, pois a empresa não necessariamente tem o lançamento de um novo produto em vista, mas pode ocorrer uma expansão de sua linha. Por exemplo: uma empresa de produtos de limpeza pode acompanhar uma tendência de mercado voltada a uma linha de produtos com menos aditivos químicos, o que poderia levá-la a conquistar novos mercados ou, ainda, a expandir seu mercado atual.

6.2
Matriz BCG

Segundo Williams (2010), a estratégia de portfólio, que é uma das principais abordagens da estratégia para decidir em que áreas a organização deve atuar, funciona em nível corporativo e minimiza riscos por meio da diversificação do investimento entre várias empresas ou linhas de produto. A mais conhecida para orientar o investimento nos negócios de uma organização é a matriz criada pelo Boston Consulting Group (BCG), em 1967.

> A ideia central dessa matriz é relacionar os vários negócios da empresa conforme sua participação relativa no mercado e o crescimento do nicho, identificando-se os negócios ou linhas de produtos que são lucrativos ou não. A matriz BCG classifica as organizações em quatro categorias, baseadas no crescimento do setor, que pode ser rápido ou lento, e no tamanho da participação da empresa nessa área de negócios, que pode ser pequena ou grande.

A Figura 6.1 apresenta as quatro classificações da matriz BCG.

FIGURA 6.1 – Matriz BCG

Eixo vertical: Crescimento do mercado (%)
Eixo horizontal: Participação de mercado (%)

Quadrantes (no sentido horário a partir do superior esquerdo): estrela (SoRad/Shutterstock), ponto de interrogação (Naddya/Shutterstock — imagem de abacaxi substituída por interrogação no canto superior direito), abacaxi (Naddya/Shutterstock), vaca (artenot/Shutterstock).

Fonte: Marketing Futuro, 2016.

As "estrelas" são NEGÓCIOS COM GRANDE PARTICIPAÇÃO EM UM SETOR DE CRESCIMENTO RÁPIDO. Para que a empresa tire proveito dessa situação, ela precisa investir maciçamente no setor. Esse investimento normalmente vale a pena, porque muitas empresas nesse estágio geram lucros futuros consideráveis.

Os "pontos de interrogação" ou "crianças-problema" são os NEGÓCIOS QUE APRESENTAM UMA PEQUENA PARTICIPAÇÃO EM UM SETOR DE RÁPIDO CRESCIMENTO. Se a empresa promover investimentos, pode vir a se tornar "estrela" no futuro, porém sua fraqueza relativa no setor, em virtude de sua baixa participação, torna o investimento mais arriscado do que no caso das estrelas. Para os negócios classificados nesse quadrante, a empresa pode optar por uma estratégia geral de crescimento, expandindo seu mercado, ou então de declínio, deixando de requerer recursos e investimentos.

Geralmente, produtos em fase de introdução no mercado podem ser enquadrados nessa célula e necessitam de muitos recursos para a continuidade no mercado.

As "vacas leiteiras" ou "alimentadores de caixa" são NEGÓCIOS QUE SE CARACTERIZAM POR GRANDE PARTICIPAÇÃO DE MERCADO EM UM SETOR DE CRESCIMENTO LENTO. Normalmente, são extremamente lucrativos e as empresas detentoras podem utilizá-los para financiar outras linhas classificadas como crianças-problema ou estrelas. De acordo com Fernandes e Berton (2012, p. 133), "para essa gama de negócios, aconselha-se usar a estratégia de colheita, isto é, explora-se ao máximo a capacidade de geração de caixa, principalmente no curto prazo". Conforme Kotler (1996, citado por Fernandes; Berton, 2012), nessa célula estão, normalmente, aqueles produtos em fase de maturação do ciclo de vida do produto; nesse caso, deve-se aproveitar a curva de experiência na sua produção e a utilização da estrutura de custos fixos para que se possa gerar maior quantidade de recursos.

Os "abacaxis" ou "pesos" são NEGÓCIOS QUE CONTAM COM UMA PEQUENA PARTICIPAÇÃO DE MERCADO EM UM SETOR DE CRESCIMENTO LENTO E ESTÃO EM FASE DE DECLÍNIO, gerando para as empresas baixos lucros ou até prejuízos. Para os negócios classificados nessa categoria, a estratégia viável é a de desinvestimento, com a liquidação ou venda dessa linha de negócios ou produtos que não poderá mais ser revertida em bom negócio.

Segundo Wright, Parnell e Kroll (2007, p. 170), foi desenvolvida uma estrutura revisada da matriz BCG, que passou a apresentar as categorias *volume, especialização, fragmentação* e *beco sem saída*, conforme demonstrado no Quadro 6.3.

QUADRO 6.3 – Estrutura revisada da matriz BCG

Manter e apoiar	Desinvestir
Volume (ênfase na liderança e participação de mercado)	Beco sem saída (independentemente da participação relativa de mercado)
Especialização (ênfase na manutenção de uma pequena participação de mercado)	
Fragmentação lucrativa (não enfatiza a participação de mercado)	Fragmentação não lucrativa (independentemente da participação relativa de mercado)

Fonte: Wright; Parnell; Kroll, 2007, p. 171.

As empresas da categoria *volume* são aquelas que GERAM ALTA LUCRATIVIDADE, porque contam com grande participação de mercado e das economias de escala.

As empresas da categoria *especialização* são aquelas que PODEM GERAR ALTOS LUCROS, mesmo sem apresentar uma representativa participação de mercado. Como optam por atuar em um único nicho, podem se destacar dos concorrentes nesse mercado específico.

Quanto às estratégias adequadas para esses dois tipos de empresas, de acordo com o BCG, temos que a unidade de negócio do tipo *volume* deve tentar conquistar uma participação ainda maior de mercado e a do tipo *especialização* deve manter sua participação pequena de mercado.

As empresas da categoria pela *fragmentação* referem-se àquelas que ATUAM EM SETORES FRAGMENTADOS, ou seja, que apresentam várias empresas caracterizadas por pequenas barreiras de entrada. As organizações dessa categoria podem ser ou não muito lucrativas, independentemente de sua participação de mercado. O BCG recomenda que as unidades de negócios fragmentadas e lucrativas sejam mantidas e apoiadas e que as que não se apresentam assim sejam desinvestidas.

No último segmento estão as empresas consideradas *beco sem saída*, que se caracterizam por ter POUCA OU NENHUMA LUCRATIVIDADE, pelo fato de seu setor oferecer poucas perspectivas. Nesse caso, a participação de mercado não é considerada, sendo recomendado o desinvestimento.

6.3
Matriz GE

A matriz GE, ou de atratividade de mercado, tem esse nome em virtude de sua origem, tendo sido desenvolvida pela empresa General Electric com o auxílio da consultoria McKinsey. Nesse modelo são considerados dois fatores para a formulação da estratégia: a ATRATIVIDADE DO SETOR e a POSIÇÃO COMPETITIVA DA EMPRESA.

Na dimensão *atratividade do setor*, segundo Fernandes e Berton (2012), podem ser utilizados os seguintes fatores relacionados:

FATORES DE MERCADO:

- tamanho de mercado;
- taxa de crescimento de mercado;
- diferenciação de produtos;
- sensibilidade de preços;
- ciclos econômicos;
- sazonalidade;
- mercados cativos;
- rentabilidade da indústria.

FATORES COMPETITIVOS:

- intensidade competitiva;
- grau de concentração;
- barreiras para entrada;
- barreiras para saída;
- volatilidade das ações;
- grau de integração;
- existência de substitutos;
- utilização da capacidade.

FATORES ECONÔMICOS E GOVERNAMENTAIS:

- inflação;
- impacto do comércio exterior;
- impacto da variação cambial;
- nível salarial;

- suprimento de matéria-prima;
- suprimento de mão de obra;
- legislação;
- regulação;
- taxação;
- apoio governamental.

FATORES TECNOLÓGICOS:

- maturidade e volatilidade;
- complexidade do projeto;
- patentes;
- exigências de P&D de produtos;
- exigências de P&D de processos.

FATORES SOCIAIS:

- impactos ecológicos;
- ética no trabalho;
- proteção ao consumidor;
- mudanças demográficas;
- grau de sindicalização;
- interculturalidade.

Considerando-se esses fatores, a posição da empresa pode ser depreendida das análises de competência, da estratégia genérica e do diagnóstico das áreas funcionais. Conforme sua posição, as unidades são classificadas em:

- **Bem-sucedidas** – Caracterizam-se por forte posição competitiva em setor considerado atrativo.

- **Medianas** – São empresas com forte posição competitiva em setores pouco atrativos, fraca posição competitiva em setores muito atrativos ou, ainda, média posição competitiva em ambos.

- **Sem sucesso** – Caracterizam-se por fraca posição competitiva em setores pouco atrativos.

Segundo Wright, Parnell e Kroll (2007), as unidades de negócio ideais são fortes em relação aos seus concorrentes e atuam em um setor atrativo. Na matriz apresentada a seguir, podemos verificar como se enquadram os negócios de acordo com a atratividade do mercado e a posição do negócio e, ainda, as estratégias sugeridas para esses negócios.

Quadro 6.4 – Posição do negócio *versus* atratividade

		Atratividade da indústria		
		Alta	Média	Baixa
Posição do negócio	Alta	Investimento e crescimento	Crescimento seletivo	Seletividade
	Média	Crescimento seletivo	Seletividade	Colher/desinvestir
	Baixa	Seletividade	Colher/desinvestir	Colher/desinvestir

Fonte: Johnson; Scholes; Whittington, citados por Fernandes; Berton, 2012, p. 134.

As decisões estratégicas com base na matriz GE podem significar as seguintes possibilidades, conforme Ribeiro (2012, p. 110, grifo nosso):

NEGÓCIOS COM GRANDE POTENCIAL, *em que a empresa possui forte posição competitiva, devem receber atenção e investimentos.*

NEGÓCIOS EM MERCADOS NÃO ATRATIVOS, *em que a empresa tem posição vulnerável, devem ser vendidos ou "colhidos" (utilizar a capacidade na geração do máximo de caixa possível antes de encerrar as operações).*

NAS POSIÇÕES INTERMEDIÁRIAS, *os gestores devem estudar cuidadosamente o motivo do posicionamento da empresa nesse quadrante e criar alternativas mais atrativas.*

6.4
Matriz de parentesco

A matriz de parentesco é uma ferramenta de análise mercadológica que leva em consideração as COMPETÊNCIAS ORGANIZACIONAIS e indica que as organizações devem buscar sempre os negócios que tenham afinidade com seu perfil. Essa modalidade de análise se dá em duas dimensões, de acordo com Ribeiro (2012, p. 110): "a adequação dos fatores-chave de sucesso no negócio e as competências organizacionais" e "as oportunidades derivadas do parentesco (ou similaridade) dos negócios e as habilidades e recursos da organização".

As empresas que conhecem bem suas competências organizacionais podem procurar expandir seus negócios a áreas semelhantes àquelas em que atuam, agregando ainda mais valor aos seus produtos. Por exemplo: um restaurante especializado em almoços saudáveis pode criar uma linha de sucos congelados para atender a clientes que precisem de uma refeição balanceada em outras horas do dia e já conhecem a credibilidade do negócio.

6.5 Matriz histórica

Também criada pelo Boston Consulting Group, a matriz histórica é utilizada para a definição da fase do mercado em que o produto se encontra, por meio da análise da evolução histórica dos mercados. O objetivo dessa técnica é determinar o estilo do executivo-chefe mais adequado ao período histórico vivido pela organização. Nessa matriz, ilustra-se a dominância ou a ausência de dois estilos de executivos, o *creator* (criador) e o *administrator* (administrador), e defende-se a ideia de que ESTRATÉGIA e ESTILO são muito mais importantes que ESTRUTURA e ESTRATÉGIA (Bethlem, 1998). A matriz histórica enfatiza a capacidade de aprendizagem e de mudança que as organizações bem-sucedidas precisam ter, declarando que a adaptabilidade delas a longo prazo depende de *creators*, enquanto o sucesso durante a estabilidade da indústria cabe aos *administrators*. O Quadro 6.5 ilustra esse conceito.

QUADRO 6.5 – Matriz histórica

		Estabilidade competitiva	
		Fluida	Estável
Estabilidade no ramo de negócios	Fluida	Administradores/ empreendedores	Empreendedores
	Estável	Administradores/ empreendedores	Administradores/ empreendedores

Fonte: Bethlem, 1998, p. 17.

6.6

Balanced scorecard

Desenvolvido por Robert Kaplan e David Norton em 1992, o *balanced scorecard* (BSC) resultou da necessidade que esse professores tinham de analisar a complexidade da *performance* das organizações. O BSC tem como objetivo principal traduzir a missão e a estratégia da empresa na forma de objetivos e indicadores e resume-se a um único documento, dividido em quatro diferentes perspectivas: FINANCEIRA, CLIENTES, PROCESSO INTERNO e APRENDIZAGEM E CRESCIMENTO.

Nesse modelo, devem ser desenvolvidos um quadro e uma linguagem para tradução da missão e da estratégia, assim como devem ser utilizados indicadores que traduzam os indicadores e os fatores de sucesso presentes e futuros para os colaboradores da organização. Combinando-se os resultados desejados e os indicadores de resultado, a ideia é que o potencial e os conhecimentos gerais dos profissionais de todo o negócio estejam orientados para os objetivos em longo prazo da empresa (Kaplan; Norton, 1997).

FIGURA 6.2 – Perspectivas para o BSC

Financeiro

Objetivos	Medidas	Metas	Iniciativas

Para sermos bem-sucedidos financeiramente, quais resultados devemos apresentar aos *stakeholders*?

Processos internos

Objetivos	Medidas	Metas	Iniciativas

Para satisfazermos nossos clientes e *stakeholders*, quais processos devem ser melhorados?

Clientes

Objetivos	Medidas	Metas	Iniciativas

Para realizarmos nossa visão, o que devemos apresentar aos nossos clientes?

Aprendizado e crescimento

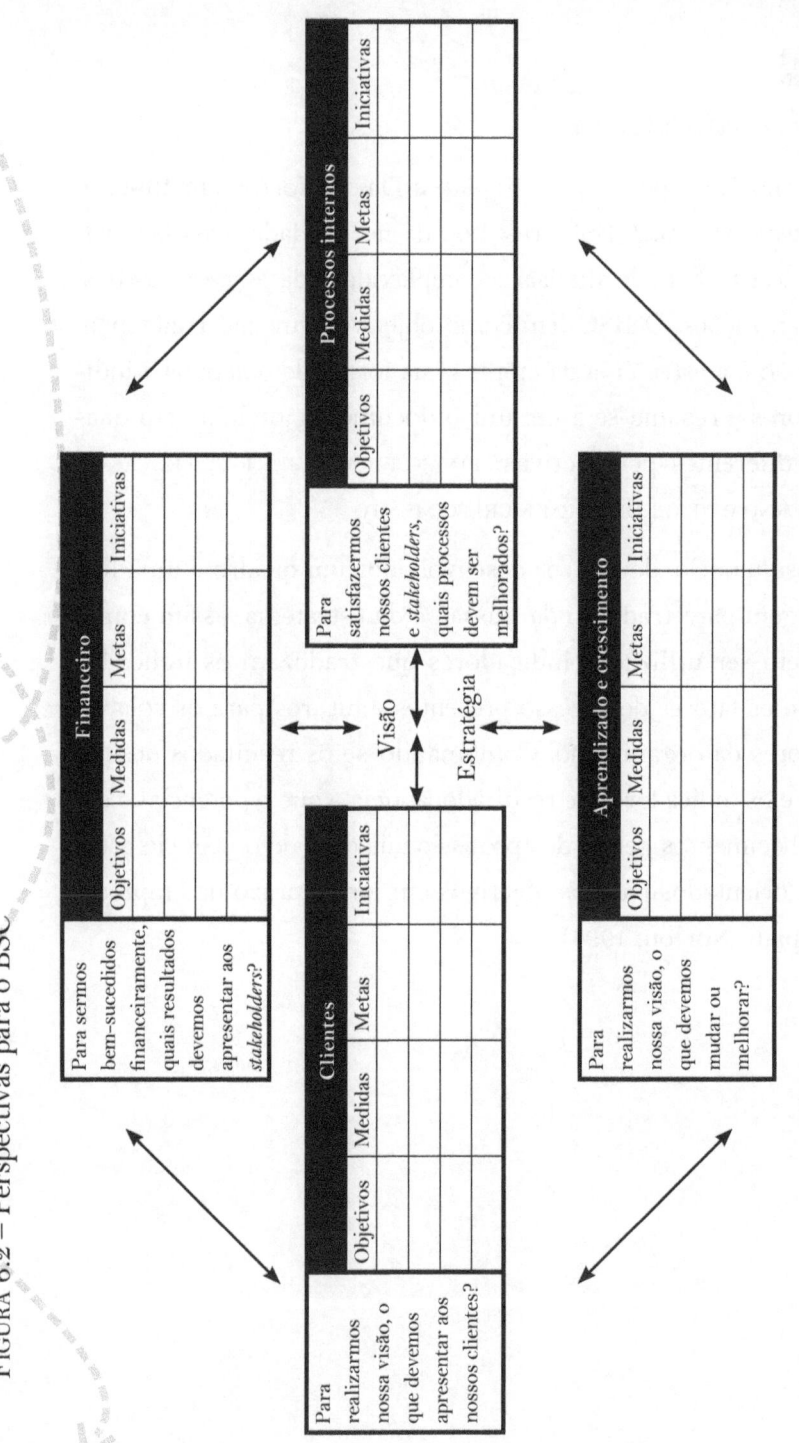

Objetivos	Medidas	Metas	Iniciativas

Para realizarmos nossa visão, o que devemos mudar ou melhorar?

Visão — Estratégia

Fonte: Adaptado de Kaplan; Norton, 1997, p. 98.

De acordo com a Figura 6.2, quatro perspectivas são elementos essenciais para o sistema de BSC:

1. FINANCEIRA – Tem como objetivo monitorar a contribuição da estratégia da organização para a melhoria dos resultados financeiros, como indicadores de rentabilidade, lucratividade e ganho para os *stakeholders*. Na perspectiva financeira, as empresas devem considerar duas estratégicas básicas a serem perseguidas por todos: INCREMENTO DA RECEITA e PRODUTIVIDADE.

2. CLIENTES – A organização deve ter como objetivo traduzir as necessidades de seus clientes, levando em conta os fatores considerados importantes para eles. A empresa deve tomar como indicadores para o sucesso dessa perspectiva a RETENÇÃO, a CAPTAÇÃO, a SATISFAÇÃO e a LUCRATIVIDADE.

3. PROCESSOS INTERNOS – Devem ser analisados os pontos de vista dos clientes e acionistas para uma estruturação mais apurada sobre os processos internos da empresa, que, por sua vez, devem prover condições para que as perspectivas anteriores sejam atingidas, ganhos financeiros sejam obtidos e o relacionamento com os clientes seja melhorado e ampliado.

4. APRENDIZADO E CRESCIMENTO – A organização precisa investir em ferramentas que melhorem o aprendizado organizacional, de modo a prover um crescimento sustentável. O empreendimento deve utilizar os conhecimentos adquiridos para melhorar seus processos, aumentando sua relação com clientes e *stakeholders*, e não retroceder em aspectos considerados básicos e já trabalhados pelo BSC.

A principal tarefa do BSC consiste na eliminação de visões e estratégias divergentes de uma empresa, considerando-se aspectos internos, como a melhoria dos processos e a criação de uma estrutura de aprendizado e crescimento, e aspectos externos, que são o atendimento das necessidades e anseios de clientes e acionistas.

Além disso, o BSC deve comunicar a missão e a estratégia para todos os níveis da hierarquia do negócio, bem como os objetivos estratégicos com as providências operacionais, pois essas iniciativas darão maior visibilidade para o que está acontecendo na empresa e para suas perspectivas futuras, bem como mostrarão o caminho que o empreendimento está buscando trilhar no longo prazo (Kaplan; Norton, 1997).

Segundo Johnson, Scholes e Whittington (2011), a técnica BSC é usada com vistas à ampliação do escopo de dados referentes a DESEMPENHO. Esse método relaciona medidas qualitativas e quantitativas, levando em consideração as expectativas dos diferentes *stakeholders* e combinando uma avaliação de desempenho Com a escolha da estratégia.

Estudos de caso

A matriz BCG pode ser utilizada em qualquer empresa que disponha de mais de um tipo ou linha de produtos. Muitas vezes, ao optar por não utilizar essa ferramenta, a organização pode investir muitos recursos financeiros e humanos em produtos que já não são atraentes para o mercado ou que estão estagnados. A classificação daqueles produtos que são destaque e, consequentemente, das grandes fontes de renda do empreendimento incentiva a empresa a investir seus esforços naquilo que realmente interessa.

Deixar "morrer" um produto pode ser muitas vezes doloroso para o empreendedor, mas investir seu orçamento em algo que não vende mais é muito pior.

Agora reflita sobre a seguinte questão

> No quadro apresentado, foram elencados alguns dos serviços oferecidos pela Google atualmente, bem como uma classificação de como eles estão posicionados no mercado. Como você faria a avaliação desses serviços e em quais investiria mais recursos ou deixaria de investir?

Com a classificação nos quatro quadrantes, considerando **crescimento do mercado e participação de mercado**, a empresa pode visualizar claramente aquilo que deve priorizar, principalmente se o negócio consiste no trabalho com produtos sazonais e que possam precisar de ajustes rápidos na produção para se adequarem ao mercado em rápido crescimento, a fim de que a organização possa ganhar mais participação e, assim, superar as concorrentes nesse mercado.

Vejamos, no quadro a seguir, um exemplo da matriz BCG da empresa Google e seus produtos, com participações em mercados diferenciados:

	YOUTUBE	GOOGLE+ WAZE
Crescimento do mercado ↑	★ (SoRad/Shutterstock)	? (—)
	BUSCA	GOOGLE SAÚDE
	(artenot/Shutterstock)	(Nadhya/Shutterstock)

← Participação de mercado →

Fonte: Adaptado de Torres, 2013.

Agora reflita sobre a seguinte questão:

No quadro apresentado, foram elencados alguns dos serviços oferecidos pela Google atualmente, bem como uma classificação de como eles estão posicionados no mercado. Como você faria a avaliação desses serviços e em quais investiria mais recursos ou deixaria de investir?

Síntese

Muitas são as ferramentas e técnicas que as empresas podem utilizar para a implantação de suas estratégias. No entanto, é fundamental que elas primeiramente conheçam seu negócio. Os modelos mais aplicados e conhecidos na literatura são os apresentados neste capítulo, o que não significa que as organizações não possam empreender esforços para criar seus próprios métodos de compreensão de seu ambiente interno e de seu nicho de atuação. Não importa o nome que o empreendimento vai utilizar para formatar sua ferramenta: o importante é que o negócio utilize meios para se tornar competitivo e compreenda que o conhecimento de seus ambientes interno e externo é essencial para qualquer aplicação que pretenda em termos de administração estratégica.

Questões para revisão

1. A matriz produto-mercado tem como objetivo representar quatro diferentes estratégias de um negócio, divididas em duas dimensões, como o nome do método já sugere. Essas estratégias são:

    a. penetração de mercado; desenvolvimento de mercado; desenvolvimento de produtos; diversificação.

    b. compreensão do mercado; ampliação do mercado; expansão da produção; negociação.

    c. desenvolvimento do mercado; desenvolvimento de produtos; oportunidade; vantagem comercial.

    d. desenvolvimento de produtos; expansão comercial; diversificação; vantagem competitiva.

2. A matriz BCG tem como objetivo analisar vários negócios da empresa, conforme sua participação relativa no mercado e o crescimento do nicho, identificando, assim, os negócios ou linhas de produtos que são lucrativos ou não rentáveis. Essa matriz classifica as empresas em quatro categorias, que são fundamentadas em:

   a. diversificação de novos produtos e ampliação da concorrência.

   b. crescimento do setor e tamanho da participação da empresa nesse setor.

   c. melhoria da vantagem competitiva e número de concorrentes diretos.

   d. concentração regional de concorrentes e expansão geográfica da empresa.

3. A matriz GE, ou de atratividade de mercado, recebeu esse nome em virtude de sua origem, tendo sido desenvolvida pela empresa General Electric com o auxílio da consultoria McKinsey. Nesse modelo são considerados dois fatores para a formulação da estratégia, que são:

   a. o crescimento do setor e o tamanho da participação da empresa nessa área de negócio.

   b. a oportunidade de expansão e a diversificação de produtos.

c. a competição do setor e os produtores locais de inovação.

d. a atratividade do setor e a posição competitiva da empresa.

4. De acordo com a proposta da matriz GE, ou de atratividade do setor, uma empresa pode ser classificada pelo diagnóstico de suas áreas funcionais e pode apresentar três padrões. Explique esses padrões de classificação.

5. A matriz de parentesco é uma ferramenta de análise mercadológica que tem como objetivo considerar as competências organizacionais, indicando, ainda, a necessidade da busca constante de negócios que tenham afinidade com o perfil do empreendimento. Cite as duas dimensões da análise.

Questão para reflexão

1. A matriz histórica analisa qual é o melhor estilo de executivo para a empresa, considerando-se o momento pelo qual a organização passa. Em momentos de maior calmaria, o empreendimento precisa investir em líderes com capacidade criativa e empreendedora, ao passo que, em momentos de incerteza, necessita de administradores para controlar as crises e estabilizar os negócios. Esse tipo de mudança demonstra uma possível incerteza no topo da pirâmide da organização, porém demanda estratégias de mudança conforme o mercado. Você considera que, para a operacionalização das estratégias, é propício fazer esse tipo de mudança nos negócios? Justifique sua resposta.

Para saber mais

Caso queira se aprofundar no tema *ferramentas estratégicas*, verifique as sugestões apresentadas a seguir.

Filme

WALL Street: poder e cobiça. Direção: Oliver Stone. Produção: Twentieth Century Fox Film Corporation; American Entertainment Partners L.P.; Amercent Films. EUA: 20th Century Fox Home Entertainment, 1987. 126 min.

Livros

EVANS, V. **Ferramentas estratégicas**: guia essencial para construir estratégias relevantes. Rio de Janeiro: Elsevier Campus, 2013.

COURTNEY, H. **Previsão 20/20**: a construção de estratégias em um mundo de incertezas. São Paulo: Cultrix, 2004.

Vídeo

HSM SPECIAL. **Robert Kaplan**: lucratividade e estratégia. 18 mar. 2009. Disponível em: <https://www.youtube.com/watch?v=5ysYExAArEE>. Acesso em: 14 fev. 2016

Para concluir...

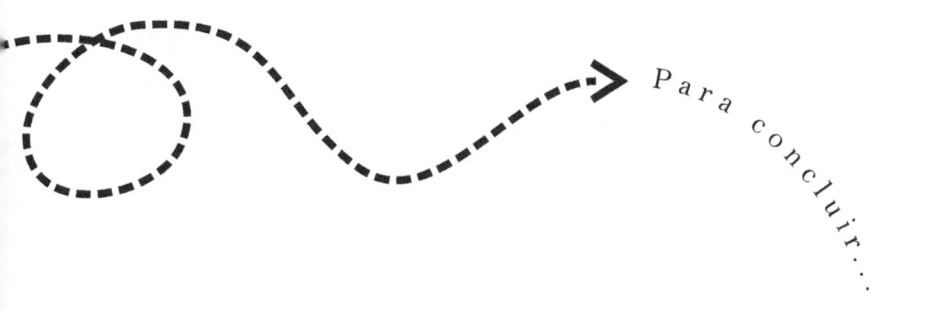

Este livro teve como objetivo apresentar diversas considerações e temáticas sobre a administração estratégica. Trata-se de um assunto que não se esgota com facilidade, pois todas as organizações precisam implementar e trabalhar constantemente suas estratégias para que possam manter-se competitivas no mercado e obter seu diferencial perante seus concorrentes, colaboradores e demais *players*, atendendo às necessidades de seus consumidores.

Inicialmente, trabalhamos conceitos mais amplos, buscando demonstrar como a empresa inicia o trabalho de organização de sua estratégia, elaborando sua missão, sua visão e seus objetivos. Em seguida, enfatizamos a importância de a empresa desenvolver seu planejamento, deixando claro para todos o patamar em que ela está e aonde quer chegar. Na sequência, apresentamos as diversas técnicas presentes na literatura para aplicar esses conceitos na realidade prática.

Nesta obra, todos esses conhecimentos foram organizados de modo a enfatizar as principais aplicações da administração estratégica para empresas de qualquer porte que precisem implementar mudanças ou para empreendedores que buscam começar seus negócios e precisam de um caminho para trilhar, uma orientação que os ajude a identificar os grandes problemas e dificuldades que geralmente aparecem no mercado acirrado e competitivo dos dias atuais. Esperamos que você tenha aproveitado a leitura e que possa aplicá-la em seu cotidiano profissional.

Referências

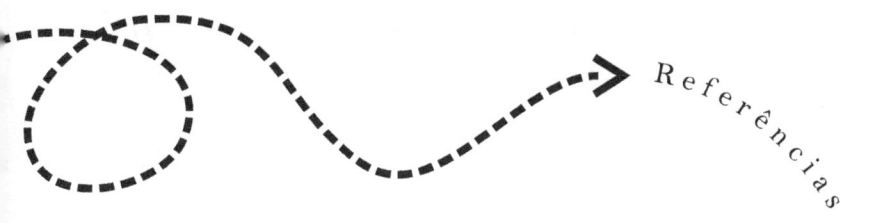

3M DO BRASIL. **Relatório anual de sustentabilidade 2011**: inovar mais e crescer com o Brasil. 2011. Disponível em: <http://solutions.3m.com.br/3MContentRetrievalAPI/BlobServlet?lmd=1346181729000&locale=pt_BR&assetType=MMM_Image&assetId=1319237018585&blobAttribute=ImageFile>. Acesso em: 31 jan. 2016.

ACKOFF, R. L. **Planejamento empresarial**. Rio de Janeiro: Livros Técnicos e Científicos, 1974.

AMBEV – Companhia de Bebidas das Américas. **Sonho-gente-cultura**. Disponível em: <http://ri.ambev.com.br/conteudo_pt.asp?idioma=0&tipo=43217&conta=28>. Acesso em: 17 jan. 2016.

ANDRADE, C. **Cenários competitivos**: o caso Shell. 19 nov. 2008. Disponível em: <https://empresasinteligentes.wordpress.com/2008/11/19/cenarios-competitivos-o-caso-shell>. Acesso em: 31 jan. 2016.

ANSOFF, H. I. **Estratégia empresarial**. São Paulo: McGraw Hill, 1977.

ANSOFF, H. I.; MCDONNELL, E. J. **Implantando a administração estratégica**. São Paulo: Atlas, 1993.

ARAÚJO, L. C. G. de. **Organização, sistemas e métodos e as modernas ferramentas de gestão organizacional**. São Paulo: Atlas, 2001.

AVON. **A empresa**. Disponível em: <http://www.avon.com.br/aavon>. Acesso em: 17 jan. 2016.

BANCO DO BRASIL. **Cadeia de valor**. Disponível em: <http://www.bb.com.br/portalbb/page3,8305,8373,0,0,1,6.bb>. Acesso em: 17 jan. 2016.

BARNEY, J. B. **Gaining and Sustaining Competitive Advantage**. 3. ed. New Jersey: Pearson Education, 2007.

BEDENDO, M. H. TAM: a diferenciação como estratégia de sobrevivência. **ESPM**, set. 2010. Disponível em: <https://www.yumpu.com/pt/document/view/10609751/tam-a-diferenciacao-como-estrategia-de-sobrevivencia-espm>. Acesso em: 4 fev. 2016.

BERNARDES, C. **Teoria geral da administração**: gerenciando empresas brasileiras. São Paulo: Saraiva, 2014.

BETHLEM, A. **Estratégia empresarial**: conceitos, processo e administração estratégica. São Paulo: Atlas, 1998.

BEZERRA, F. **Stakeholders**: do significado à classificação. 13 jul. 2014. Disponível em: <http://www.portal-administracao.com/2014/07/stakeholders-significado-classificacao.html>. Acesso em: 18 jan. 2016.

BRADESCO. **Missão e estratégia**. Disponível em: <https://www.bradescori.com.br/site/conteudo/interna/default.aspx?secaoId=770>. Acesso em: 17 jan. 2016.

CAIXA. **Sobre a Caixa**. Disponível em: <http://www.caixa.gov.br/sobre-a-caixa/apresentacao/Paginas/default.aspx>. Acesso em: 18 jan. 2016.

CERTO, S.C.; PETER, J. P. **Administração estratégica**: planejamento e implantação da estratégia. São Paulo: Pearson Education do Brasil, 2005.

CORRÊA, K. **Estratégia genérica de diferenciação**. 15 jul. 2008. Disponível em: <http://www.administracaoegestao.com.br/planejamento-estrategico/estrategia-generica-de-diferenciacao>. Acesso em: 26 jan. 2016.

CONNELLAN, T. **Nos bastidores da Disney**: os segredos do sucesso da mais poderosa empresa de diversões do mundo. 19. ed. Tradução de Marcello Borges. São Paulo: Futura, 1998.

COSTA, E. A. da. **Gestão estratégica**: da empresa que temos para a empresa que queremos. São Paulo: Saraiva, 2009.

DIOGO, O. **Afinal, o que é um trade-off?** 4 jun. 2011. Disponível em: <http://www.tradeoff.ecn.br/2011/06/afinal-o-que-e-trade-off.html>. Acesso em: 31 jan. 2016.

DRUCKER, P. F. **Administração em tempos turbulentos**. São Paulo: Pioneira, 1980.

DURATEX. **Missão, visão e valores**. Disponível em: <http://www.duratex.com.br/pt/Nossa_Empresa/MissaoVisaoValores.aspx>. Acesso em: 10 fev. 2016.

EBC – Empresa Brasil de Comunicação S/A. **Missão, visão e valores**. EBC Institucional. Disponível em: <http://www.ebc.com.br/institucional/sobre-a-ebc/o-que-e-a-ebc/2012/09/missao-visao-valores>. Acesso em: 16 maio 2016.

ENDEAVOR BRASIL. **Planejamento estratégico**: como fazer e por onde começar. 26 set. 2014. Disponível em: <https://endeavor.org.br/planejamento-estrategico-como-fazer-e-por-onde-comecar>. Acesso em: 23 dez. 2015.

FERNANDES, B. H. R.; BERTON, L. H. **Administração estratégica**: da competência empreendedora à avaliação de desempenho. 2. ed. São Paulo: Saraiva, 2012.

FIGUEIREDO, S. P. **Gestão do conhecimento**: estratégias competitivas para a criação e mobilização do conhecimento na empresa. Rio de Janeiro: Qualitymark, 2005.

FLEURY, A. C. C.; FLEURY, M. T. L. Alinhando estratégia e competências. **Revista de Administração de Empresas**, v. 44, n. 1, p. 44-57, 2004.

GARVIN, D. A. Building a Learning Organization. **Harvard Business Review**, v. 71, n. 4, p. 78-91, jul./ago. 1993.

GRUPO ARCOR. **Filosofia corporativa**. Disponível em: <http://www.arcor.com/Arcor_pt_grupoArcor_filosofiaCorporativa_3053.aspx>. Acesso em: 17 jan. 2016a.

_____. **Missão, visão e valores**. Disponível em: <http://arcor.com.br/nossa-companhia/missao>. Acesso em: 17 jan. 2016b.

HENDERSON, B. D. As origens da estratégia. In: MONTGOMERY, C.; PORTER, M. (Org.). **Estratégia**: a busca da vantagem competitiva. Rio de Janeiro: Campus, 1998. p. 3-9.

HILL, C.W.; JONES, G. **O essencial da administração estratégica**: casos reais e aplicação prática da teoria. São Paulo: Saraiva, 2013.

JESUS, L. S. S. de **A missão das grandes, das mais conceituadas empresas...** 22 maio 2011. Disponível em: <http://www.administradores.com.br/artigos/tecnologia/a-missao-das-grandes-das-mais-conceituadas-empresas/55256>. Acesso em: 23 dez. 2015.

JOHNSON, G.; SCHOLES, K.; WHITTINGTON, R. **Explorando a estratégia corporativa**: texto e casos. Porto Alegre: Bookman, 2011.

KAPLAN, R. S.; NORTON, D. P. **A estratégia em ação**: balanced scorecard. 13. ed. Rio de Janeiro: Campus, 1997.

KOTLER, P. **Administração de marketing**: análise, planejamento, implementação e controle. 4. ed. São Paulo: Atlas, 1996.

MADERO. **O Madero**. Disponível em: <http://www.restaurantemadero.com.br/o-madero>. Acesso em: 31 jan. 2016.

MARKETING FUTURO. **O que é a matriz BCG?** Portfólio de produtos ou negócios. Disponível em: <http://marketingfuturo.com/wp-content/uploads/2012/09/O-que-e-a-Matriz-BCG-Portfolio-de-Produtos-ou-Negocios.jpg>. Acesso em: 24 jan. 2016.

MAXIMIANO, A. C. A. **introdução à administração**. 6. ed. São Paulo: Atlas, 2006.

MÉLO, M. A. do N. **Qualidade e inteligência competitiva no setor de saúde suplementar**: proposição de um modelo para a análise da estratégia competitiva. 230 f. Tese (Doutorado em Engenharia de Produção) – Universidade Federal de Pernambuco, Recife, 2007.

MÉTODOS CONSULTORIA EMPRESARIAL. **O que é planejamento estratégico?** Disponível em: <http://planejamentoestrategico.srv.br>. Acesso em: 31 jan. 2016.

MINTZBERG, H. **Ascensão e queda do planejamento estratégico**. Porto Alegre: Bookman, 2004.

MINTZBERG, H.; AHLSTRAND, B.; LAMPEL, J. **Safári de estratégia**: um roteiro pela selva do planejamento estratégico. 2. ed. São Paulo: Bookman, 2010.

MITCHELL, R. K.; AGLE, B. R.; WOOD, D. J. Toward a Theory of Stakeholder Identification and Salience: Defining the Principle of Who and What Really Counts. **The Academy Of Management Review**, v. 22, n. 4, p. 853-886, out.1997.

NONAKA, I.; TAKEUCHI, H. **Criação do conhecimento na empresa**: como as empresas japonesas geram a dinâmica da inovação. 2. ed. Rio de Janeiro: Campus, 1997.

NORMANN, R.; RAMÍREZ, R. Designing Interactive Strategy. **Harvard Business Review**, v. 71, n. 4, jul./ago. 1993.

OLIVEIRA, D. de P. R. de. **Planejamento estratégico**: conceitos, metodologias, práticas. São Paulo: Atlas, 1996.

PACHECO, A. P. et al. Competências essenciais: modelos de concepção. In: ENCONTRO DA ANPAD, 33., 2009, São Paulo. **Anais**... São Paulo: Anpad, 2009. Disponível em: <http://www.anpad.org.br/admin/pdf/EOR2003.pdf>. Acesso em: 23 dez. 2015.

PORTER, M. F. **Estratégia competitiva**: criando e sustentando um desempenho superior. Rio de Janeiro: Campus, 1985.

_____. _____. Rio de Janeiro: Campus, 1989.

_____. **Estratégia competitiva**: técnicas para análise das indústrias e da concorrência. 7. ed. Rio de Janeiro: Campus, 1991.

PORTO, E. Por dentro do planeta Nike. **Época Negócios**, 28 dez. 2009. Disponível em: <http://epocanegocios.globo.com/Revista/Common/0,,ERT113186-16380,00.html>. Acesso em: 31 jan. 2016.

PRAHALAD, C. K.; HAMEL, G. **Competindo pelo futuro**: estratégias inovadoras para obter o controle do seu setor e criar os mercados de amanhã. Rio de Janeiro: Campus, 1995.

RESENDE, E. **O livro das competências**: desenvolvimento das competências – a melhor autoajuda para as pessoas, organizações e sociedade. Rio de Janeiro: Qualitymark, 2000.

RIBEIRO, R. V. **Estratégia empresarial**. Curitiba: Iesde, 2012.

RICHERS, R. Objetivos como razão de ser da empresa: a determinação formal de objetivos estratégicos é, sem dúvida, uma das condições primordiais ao sucesso da empresa. **Revista de Administração de Empresas**, São Paulo, v. 34, n. 1, p. 50-62, jan./fev. 1994.

SCHWARTZ, P. **A arte da visão de longo prazo**: planejando o futuro em um mundo de incertezas. São Paulo: Best Seller, 2000.

SEBRAE – Serviço Brasileiro de Apoio às Micro e Pequenas Empresas. **Planejamento estratégico aplicado aos pequenos negócios**. Disponível em: <http://www.sebrae.com.br/sites/PortalSebrae/bis/Planejamento-estrat%C3%A9gico-aplicado-%C3%A0s-MPEs>. Acesso em: 27 jan. 2016.

SHANK, J. K.; GOVINDARAJAN, V. **Strategic Cost Management**: the New Tool for Competitive Advantage. New York: The Free Press, 1993.

SILVA, R. O. da. **Teoria geral da administração**: gerenciando organizações. São Paulo: Saraiva, 2005.

SLACK, N. et al. **Administração da produção**. São Paulo: Atlas, 2002.

SOUZA, J. P. de. **As estratégias competitivas da indústria brasileira de carnes**: a ótica do distribuidor. 127 f. Dissertação (Mestrado em Engenharia da Produção) – Universidade Federal de Santa Catarina, Florianópolis, 1999. Disponível em: <https://repositorio.ufsc.br/bitstream/handle/123456789/80880/144766.pdf?sequence=1>. Acesso em: 23 dez. 2015.

SVEIBY, K. E. **A nova riqueza das organizações**. Rio de Janeiro: Campus, 1998.

TACHIZAWA, T.; REZENDE, W. **Estratégia empresarial**: tendências e desafios – um enfoque na realidade brasileira. São Paulo: Makron Books, 2000.

TERRA, J. C. C. **Gestão do conhecimento**: o grande desafio empresarial. São Paulo: Negócio, 2000.

THOMPSON JUNIOR., A.; STRICKLAND, A. J. **Planejamento estratégico**: elaboração, implementação e execução. São Paulo: Pioneira: 2000.

TORRES, J. **Como gerir um portfólio de produtos?** 22 out. 2013. Disponível em: <http://www.guiadastartup.com.br/como-gerir-um-portfolio-de-produtos>. Acesso em: 4 fev. 2016.

TORRES, M. C. et al. **Estratégia de empresas**. Rio de Janeiro: FGV, 2013. (Série Comércio Exterior e Negócios Internacionais).

TZU, S. **A arte da guerra**. Porto Alegre: L&PM Pocket, 2006.

WILLIAMS, C. **ADM**. São Paulo: Cengage Learning, 2010.

WRIGHT, P.; PARNELL, J.; KROLL, M. J. **Administração estratégica**: conceitos. São Paulo: Atlas, 2007.

Respostas

Capítulo 1

Questões para revisão

1. A missão traz a empresa para a realidade e demonstra aos colaboradores e à sociedade a razão pela qual a organização foi fundada, bem como o propósito maior de sua existência para atender a seus *stakeholders*.

2. Os objetivos podem ser gerais ou específicos, de curto, médio e longo prazo, qualitativos ou quantitativos.

3. c

4. a

5. b

Capítulo 2

Questões para revisão

1. A gestão do conhecimento é uma ferramenta fundamental para qualquer tipo e porte de organização, pois essa

atividade é designada ao armazenamento e à distribuição de todas as informações relevantes e imprescindíveis para todos os colaboradores dentro da empresa. Se eles tiverem acesso às informações necessárias para suas tomadas de decisão, fica muito mais evidente a preocupação com a evolução e a melhoria da estratégia organizacional.

2. Primeiramente, a análise de forças e fraquezas é interna à organização e que deve ser empreendida para a verificação de processos que podem ser melhorados, enquanto a análise de oportunidades e ameaças é externa, ou seja, focalizada no mercado, e por meio dela a empresa investiga seus clientes, fornecedores, bem como o potencial de crescimento ou declínio de mercado. Essas duas análises servem para que a organização se posicione e possa minimizar suas debilidades e desenvolver seu potencial para conquistar o nicho pretendido e aumentar sua competitividade.

3. a

4. c

5. d

Capítulo 3

Questões para revisão

1. a

2. b

3. d

4. *BENCHMARKING* INTERNO: atividades similares desenvolvidas por departamentos, unidades e até sedes em países diferentes. *BENCHMARKING* COMPETITIVO: quando concorrentes diretos vendem para um mesmo grupo de clientes, por meio dos quais podem obter dados importantes, melhores práticas e tecnologias; no entanto, esse método pode ser considerado extremamente antiético por expor dados de seus consumidores. *BENCHMARKING* FUNCIONAL OU GENÉRICO: modelo clássico de *benchmarking*, em que se procuram as melhores práticas do mercado.

5. Segundo Mintzberg, o mix estratégico é constituído pelos 5 Ps da estratégia:

- PLANO – Define-se que a estratégia faz parte de um direcionamento ou guia de ação intencional, que deve conduzir os diferentes níveis e áreas da organização.

- PADRÃO – A estratégia de uma empresa pode advir de uma constância no comportamento organizacional e indicar um padrão de continuidade. Assim, podemos considerar que a estratégia pode surgir das próprias ações rotineiras da empresa, intencionalmente ou não.

- *PIÈGE* (ARMADILHA) – A estratégia atua como uma manobra para derrotar ou enfraquecer o concorrente, sendo aplicada como um instrumento para lidar com a competição no mercado.

- POSIÇÃO – Refere-se à localização da empresa em seu meio ambiente, com o objetivo de melhorar sua posição competitiva. A estratégia, nesse ângulo, permite definir o local, dentro do macroambiente, no qual a empresa deve concentrar seus esforços e recursos para a manutenção ou melhoria de sua posição no mercado.

- PERSPECTIVA – A estratégia é influenciada pela forma como a empresa e seus colaboradores percebem o ambiente, refletindo os valores, a cultura e as perspectivas partilhadas por todos, fator determinante na definição da estratégia.

Capítulo 4

Questões para revisão

1. d
2. b
3. a
4. O principal risco consiste no comprometimento de recursos imediatos antes mesmo de os resultados do mercado serem conhecidos. Também está sujeita a uma possibilidade maior de fracasso, caso não haja uma movimentação da concorrência para compensar os investimentos em capacidade e instalação realizados inicialmente.
5. Duas vantagens podem ser consideradas nessa estratégia: primeiramente, como a empresa apresenta custos baixos, pode ser mais lucrativa que seus concorrentes mais próximos; em segundo lugar, se a rivalidade no setor for grande e as empresas passarem a competir pelo preço, a empresa líder em custos terá maiores vantagens na competição.

Capítulo 5

Questões para revisão

1. c

2. c

3. a

4. Identificação da questão principal; identificação dos fatores-chave; identificação dasforças motrizes; hierarquia por importância e incerteza; seleção das lógicas dos cenários; descrição dos cenários; análise das implicações e opções; seleção de indicadores e sinalizadores principais. O modelo é bem completo, o que permite à organização fazer o monitoramento de certas variáveis e perceber mudanças no ambiente, o que facilita a reavaliação antecipada da estratégia, caso isso seja necessário. A desvantagem está no fato de, por se tratar de um modelo complexo, poucas variáveis poderem ser monitoradas ao mesmo tempo.

5. Delimitação do sistema e do ambiente; análise estrutural do sistema e do ambiente; seleção de condicionantes do futuro; geração de cenários; testes de consistência, ajustes e disseminação; opções e planos de monitoramento estratégico. Trata-se de um método fácil de ser implementado quando se conhecem as variáveis-chave que podem afetar os cenários. Assim, pode ser falho ao assumir apenas as evoluções mais prováveis das variáveis e o comportamento dos autores nas previsões.

Capítulo 6

Questões para revisão

1. a

2. b

3. d

4. BEM-SUCEDIDAS: empresas que apresentam forte posição competitiva em setor considerado atrativo. MEDIANAS: empresas com forte posição competitiva em setores pouco atrativos, fraca posição competitiva em setores muito atrativos ou, ainda, média posição competitiva em ambos. SEM SUCESSO: empresas que apresentam fraca posição competitiva em setores pouco atrativos.

5. A adequação dos fatores-chave de sucesso no negócio e as competências organizacionais e as oportunidades derivadas do parentesco (ou similaridade) dos negócios e as habilidades e recursos da organização.

Sobre a autora

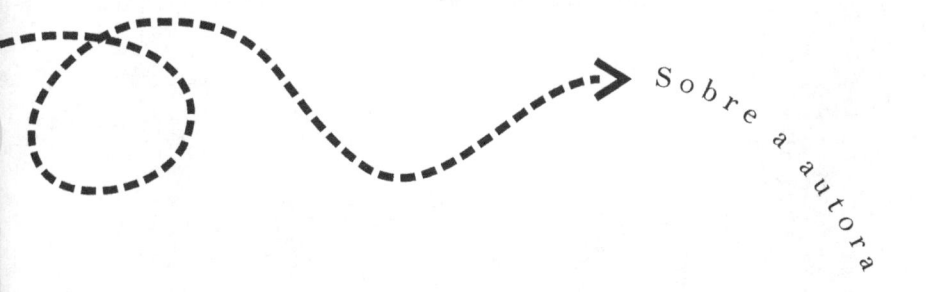

Letícia Mirella Fischer Campos é mestre em Engenharia de Produção e Sistemas pela Pontifícia Universidade Católica do Paraná (PUCPR) e graduada em Administração pela Faculdade Católica de Administração e Economia (FAE). Já atuou como coordenadora de cursos de graduação em três instituições de ensino superior, assim como na qualidade de professora de diversas disciplinas na graduação e na especialização (modalidades presencial e a distância). Em 2014, foi aprovada em concurso para o cargo de professora substituta na Universidade Federal do Paraná (UFPR), onde lecionou nos cursos de Gestão da Qualidade e Gestão Pública, e, em 2016, também por concurso público, iniciou seus trabalhos como professora colaboradora na Universidade Estadual do Norte do Paraná (Uenp). Conta atualmente com nove livros publicados nas áreas de gestão de pessoas, qualidade, fundamentos de gestão, técnicas de negociação e *marketing* industrial.

Os papéis utilizados neste livro, certificados por instituições ambientais competentes, são recicláveis, provenientes de fontes renováveis e, portanto, um meio responsável e natural de informação e conhecimento.

FSC
www.fsc.org
MISTO
Papel | Apoiando
o manejo florestal
responsável
FSC® C103535

Impressão: Reproset